나, 인간의 꿈을 꾸는 하느님

"문경공 스승님
그리고 백한번째 촛불 도반님들께
이 책을 바칩니다."

나,
인간의 꿈을 꾸는
하느님

김설록 지음

삶의 의미
그리고 인간의 정체성에 관한
놀라운 진실

북랩 book Lab

프롤로그

인간은 어디서 와서 어디로 가는가? 인생의 의미는 무엇인가?

신은 존재하는가? 종교란 무엇이며 천국과 지옥, 사후의 심판은 존재하는가?

영혼은 무엇이며 영혼과 육체의 관계는?

우주는 어떻게 창조되었으며 세상이 존재하는 이유는 무엇인가?

그리고…… 깨달음이란 무엇인가?

사람은 누구나 태생적으로 이러한 의문들을 가지고 살아간다.

어린 시절, 밤하늘의 별들을 바라보며 알 수 없는 신비로움과 경외감에 젖어, 저 광활한 우주와 또 그것을 바라보는 내가 존재하는 이유와 목적에 대해 누구나 한 번쯤은 의문을 품었으리라. 하지만 아무도 속 시원히 말해주는 이도 없고 점점 나이가 들면서 부딪히는 일상의 일들에 치중하다 보면 어느새 그러한 의문들은 답을 알 수 없는, 그저 부질없는 질문으로 치부되고 희석되고 만다.

그러나 인간이란 어쩔 수 없는 존재, 살다 보면 문득문득 떠오르는 근원적인 의문들에 또 직면하게 되고, 지푸라기라도 잡는 심정으로 이곳저곳 문을 두드리며 그 의문의 갈증을 해소하려 하지 않는가.

그러고 보면 인간이란 얼마나 모순덩어리의 존재인가. 고도의 과학기술로 무장해 첨단의 문명이기를 누리면서도 정작 그 기술의 주체인 '나' 자신의 정체성에 대해서는 완벽하게 무지하니 말이다.

지구로부터 수백만 킬로 떨어진 외계의 행성에 우주선을 착륙시키고 원격제어하면서도 정작 내 집 앞의 쓰레기는 도무지 어쩌지 못하고 수천, 수만 명의 직원을 통솔하는 관료나 대기업의 CEO조차도 정작 자기의 생각과 감정은 통제하지 못해 힘들어하고 고통스러워하는 게 바로 인간이란 존재의 패러독스이다.

길면 백 년, 짧으면 몇 분 후라도 죽음과 직면해야 하는 것이 인간의 숙명인데도 바로 그 죽음이 무엇인지조차 모르는 존재가 21세기 첨단 과학기술문명의 주역이란 이 기가 막힌 모순과 역설이라니.

우리는 진정 스스로의 모순과 역설을 끌어안은 채, 무의미한 삶과 죽음을 숙명처럼 영원히 반복할 것인가? 아니면 진정한 자아의 발견을 통해 한 단계 더 높은 성장과 성숙의 여정을 밟아나갈 수 있을 것인가? 나는 단호히 후자라고 말하고 싶다. 세상에 해결할 수 없는 문제는 없고 풀리지 않을 의문은 없다. 간절히 원하면 이루어지는 법, 의문의 해결은 방법의 문제가 아니라 단지 의지의 문제이기 때문이다.

나는 이제 여러분에게 한 사람을 소개하려 한다. 그는 내가 아는 한 현시대에 삶과 우주와 존재의 진실에 대해 누구보다 치열하게 탐구했고, 또 거기에 자신의 전 생애를 바친 분이다. 그는 존재의 근원에 대한 의문을 여느 사람들처럼 단지 의문으로만 남겨두지 않고 자신의 온 존재를 던져 탐구했고 그리고 마침내 그 의문에 대한 해답을 얻었다.

선가에 제자가 준비되었을 때, 스승은 나타난다고 했다. 나 또한 근원적인 의문에 대한 답을 얻기 위해 오랫동안 헤매었고, 그 노력의 보답으로 그분을 만났다. 삶과 우주와 존재에 관한 어떠한 질문에도 경이로울 정도로 명쾌하게 즉답을 내놓는 그분을 보면서 나는 처음엔 전율을 느꼈다. 내가 아는 어떤 사람도 이제껏 그처럼 삶과 우주의 실체와 진실에 관해 명쾌하게 대답해주는 사람을 보지 못했기 때문이다. 하지만 그는 단호히 말한다.

"누구라도 지극히 절실한 마음으로 다가가면, 삶과 우주의 신비는 자연스럽게 그에게 속살을 드러낼 것이다."

그는 또 말한다.

"지금 당신 앞에 펼쳐진 현실은 당신이 그동안 생각하고 행동한 것의 결과물이다."

실로 그렇지 않은가. 말로는 그럴듯한 이상과 진리를 추구한다고 하면서도 우리가 실제로 추구하는 건 돈과 권력과 명예와 사랑 등이니 말이다. 세속의 욕구와 욕망을 추구하다 지치고 힘들 때 하소연하듯 '삶이란 무엇인가?'를 되뇌지만 그것도 잠시, 우리는 어느새 또 치열한 세속의 경쟁 속에 파묻혀 있는 자신을 발견하게 되지 않는가.

"내가 똑똑해서도 아니요. 내가 잘나서도 아니다. 내가 삶과 우주의 신비를 터득한 이유는, 나에게는 그것이 삶의 영순위였기 때문이다."

그와 대화하고 그의 이야기를 들으면 누구라도 그의 말을 부정할 수 없다.

오래전 그를 처음 만났을 때 나는 무척 조심스러웠다. 그가 하는 말, 그의 가르침이 이곳저곳에서 끌어모은 잡다한 지식의 짜깁기는 아닐까? 지성을 자부하는 내가 엉터리 명상가의 감언이설에 속아 넘어가는 실수를 저지르지는 않을까?

그래서 처음 몇 달간은 나의 모든 센서를 동원해 그의 일거수일투족을 살폈다. 그의 말 한마디, 그의 손짓 하나까지도 탐정처럼 유심히 관찰하며 사소한 약점이라도 캐내려고 노력했다.

그리고 얼마 후, 나는 그의 제자가 되기로 결심했다. 그의 알리바이는 완벽했고 나는 그에게서 어떤 혐의도 찾아낼 수 없었다. 내가 그를 스승으로 받아들인 날, 스승은 내게 '셜록홈즈'란 별명을 지어줬고 그래서 〈백한번째 촛불〉에서 나의 닉네임은 셜록홈즈이다.

이미 밝혔듯이, 그의 가르침은 인간이 품을 수 있는 모든 의문에 대해 즉각적이고 명쾌한 해답을 제시한다. 삶의 의미는 물론이며 영혼과 육체, 의식과 물질, 운명과 카르마, 존재와 우주의 신비, 동양적 깨달음에 이르기까지, 그의 가르침은 모든 종교적, 철학적 주제를 종횡무진 넘나든다.

도道와 진리를 찾아 헤매었던 많은 사람이 구도의 목마름을 해소했고, 일상의 스트레스로 힘들어하던 사람들이 그것을 뛰어넘어 행복해하는 모습을 보며 나는 어느 순간부터 스승의 가르침을 대중에게 가장 쉽게 전할 수 있는 책을 써야겠다는 생각을 했다. 신실한 구도자들뿐만 아니라 삶에 지친 현대인들에게 허망한 지식이 아닌, 실존적으로 도움이 되고 삶의 해답을 제시할 수 있는 그런 책 말이다.

하지만 문제점은 있었다. 세상엔 온갖 종교단체와 명상단체의 홍보용 책들이 넘쳐나는데, 내가 쓴 책도 그런 부류의 카테고리에 함몰되지나 않을지, 그리고 다양한 종교적, 철학적 주제를 어떻게 한 권의 책 속에 모두 담아낼 수 있을지 막막하고 난감했다.

오랜 고민 속에서 나는 한 가지 아이디어를 떠올렸다. 스승의 가르침을 일방적으로 서술하기보다는 스승과 제자가 질문과 답변을 주고받는 자연스러운 대화형식을 취한다면, 다양한 주제들을 한 권의 책 안에 녹여낼 수 있을 것 같았다. 제자의 질문에 스승이 대답하고 그 대답에 꼬리를 무는 질문을 이어가다 보면 다양한 주제가 어우러진, 전체적으로 일관성 있는 대화형식 구조의 책이 만들어지지 않겠는가?

나는 여기에 착안했고, 그리하여 이 책을 쓰기 시작했다. 그래서 이 책의 내용은 스승과 제자의 실제 대화가 아닌 가상의 대화이다. 가상의 대화를 통해 이 책은 사람들이 궁금해 하는 모든 종교적, 철학적 의문들을 하나씩 풀어나간다. 따라서 이 책엔 실제의 대화에서 있을 법한 애드립이나 군더더기 없이 핵심적인 내용의 질문과 답변이 계속 이어진다.

이 책은 크게 전반부와 후반부로 나뉘는데, 전반부는 인생의 의미, 삶과 죽음, 신과 인간, 영혼과 육체 등과 같은 인문학적인 주제를 다루고, 후반부는 깨달음, 선禪과 화두, 공空, 진아眞我, 무아無我같은 동양적인 주제를 담았다.

스승의 가르침 자체가 매우 실존적이고 상식적인 데다 나 또한 글재주가 없어 이 책엔 현란한 수사적 표현도 없고 어려운 단어도 없다. 가장 평범한 단어와 평이한 문체로 쓰였기에 어쩌면 그것이 독자들에겐 책의 내용을 이해하는 데 장점으로 작용하리라 본다.

인간의 삶은 결코 돌발적이거나 무작위적이지 않다. 그리고 당연히 허무하지도 않다. 그러나 인생이 유의미한지 아니면 허무한지, 그것은 인생 그 자체에 달려있는 것이 아니라 바로 당신이 그것을 결정한다는 것이 이 책이 당신에게 전하는 핵심적인 메시지이다.

우리는 지금까지 도와 진리와 깨달음, 그리고 신을 찾아 방황했지만, 정작 그 행위의 주체인 '나'에 대해서는 사실상 관심을 기울이지 않았다. 나의 스승은 그의 가르침을 통해, 바로 그 '나'의 정체성을 자각하는 것이 삶과 우주, 그리고 진리와 깨달음의 신비를 풀 수 있는 열쇠임을 일관되게 강조한다.

그래서 이 책은 스승에 대한 이야기도 아니요, 신에 대한 이야기도 아니요, 깨달음과 진리에 대한 이야기도 아니다. 이 책은 당신에 대한 이야기, 바로 '나'에 대한 이야기이다.

목 차

1부

2부

인생의 의미

저의 첫 번째 질문은 '인생의 의미'입니다. 그리고 인생의 의미는 제가 궁금해하고 스승님께 여쭤보고 싶은 모든 질문을 한데 뭉뚱그려놓은 본질적이고 핵심적인 의문이라고도 할 수 있습니다.

인생의 의미는 무엇입니까? 사람은 왜 태어났으며, 무엇을 위해 살아가며, 어떻게 살아야 하는지 알고 싶습니다.

인생의 의미가 무엇이냐는 것은 인류의 가장 오래된 질문이자 가장 진부한 질문이지만, 누구도 제대로 답한 적이 없다는 점에서 가장 난해한 질문이다. 지성을 자부하며 고도의 과학문명을 누리고 있는 인류가 자신의 존재의 바탕이 되는 의문에 대해 무지하다는 것은 사실 큰 모순이 아닐 수 없다.

그러므로 인생의 의미에 대한 근본적 통찰 없이는 그 외의 부수적인 질문들도 의미가 없을 터이니 지금부터 인생의 의미가 무엇인지에 대해 얘기해 보도록 하자. 그리고 '인생의 의미'란 이 주제는 앞으로 이어질 우리 대화의 가장 밑바탕이 될 것이다.

먼저 네가 알아야 할 것은, 인생의 의미가 무엇이냐는 것은 결코 어려운 질문이 아니며 그 답도 절대 난해하지 않다는 것이다. 너는 〈오컴의 면도날〉이란 말을 들어보았겠지?

네. 자세히 알지는 못하지만, 어떤 문제가 있을 때 간단하고 단순한 쪽이 진정한 해답에 가깝다는 뜻으로 알고 있습니다. 한마디로 단순한 게 답이라는 거죠.

그렇다. 인생의 의미도 마찬가지다. 가장 단순하고 보편적인 질문에 대한 해답은 마찬가지로 가장 단순하고 보편적이다. 그러니 이 문제를 보편적이고 상식적인 선에서 쉽게 다가가 보도록 하자.

그럼 이젠 내가 너에게 되묻겠다. 너는 인생의 의미가 무엇이라고 생각하지?

글쎄요⋯⋯. 저도 어렸을 적부터 인생의 의미에 대해 궁금해했지만, 아직도 잘 모르겠습니다. 하지만 그건 저뿐만 아니라 세상 모든 사람도 마찬가지일 겁니다. 아마 그건 신만이 알고 있겠죠.

애꿎은 신에게 책임을 돌리진 마라. 만약 신이 있다면, 신은 그걸 혼자만 알면서 너희를 혼란스럽게 하진 않을 것이다. 하지만 '신'이란 주제에 대해서는 나중에 따로 이야기하기로 하고 우선 너는 내 질문에 대해 생각해 보길 바란다. 가장 단순하게 너는 인생의 의미가 무엇이라고 생각하지?

인생의 의미에 대해 사람들이 생각하는 가장 단순하고 보편적인 답은 아마도 '행복'이 아닐까요? 사람마다 느끼는 행복의 기준은 다르겠지만, 어쨌거나 대부분의 사람에게 있어 인생의 의미와 목적은 행복하게 사는 것이라고 생각합니다.

네 말대로 사람들이 가장 보편적으로 생각하는 인생의 의미는 바로 행복이다. 그럼 이제 여기서 한 발짝 더 들어가 보도록 하자. 너는 무엇이 행복이라고 생각하며 어떨 때 가장 행복하다고 느끼지?

글쎄요……. 스승님의 말씀처럼 가장 단순하고 보편적으로 생각한다면, 행복은 정신적으로나 육체적으로 건강하게 또 물질적으로 풍요롭게 사는 것이겠죠. 더불어 사랑하는 사람과 함께라면 더 좋고요.

물론 그것도 맞는 말이다. 하지만 그 모두를 통틀어 좀 더 단순하게 표현하면 어떨까.

뭐, 한마디로 즐겁고 재밌게 사는 것이겠죠.

그렇다. 건강하든 건강하지 못하든, 부자든 가난하든, 이런저런 조건과 상황을 떠나 사람들은 일단 즐겁고 재밌을 때 행복을 느낀다. 어떤 이에게는 음악이나 미술을 감상하는 것이 큰 기쁨이고 즐거움일 수 있지만, 다른 이에게는 전혀 즐거움을 주지 못할 수 있고 다른 취미의 경우도 마찬가지일 것이다. 개개인의 취향은 다를지라도 무엇을 하든 내가 즐겁고 재밌으면 그것이 그에게는 행복인 것이다.

그럼 인생의 의미는 즐겁고 재밌게 사는 것입니까?

서두르지 말고 좀 더 들어가도록 하자. 너는 어떨 때 가장 즐겁고 재미를 느끼지?

제 경우에는 여행을 좋아하니까 여행을 할 때 가장 즐겁고 재밌습니다. 제가 가보지 못한 새로운 곳을 여행할 때, 전 가장 가슴이 뛰고 재미를 느끼죠.

가보지 못한 새로운 곳을 여행할 때라……. 그럼 만약 갔던 곳을 다시 여행할 땐 어떨까?

갔던 곳을 다시 가도 재밌긴 하겠지만, 아무래도 처음보다는 재미가 덜하겠죠.

그럼 만약 같은 곳을 계속 여행한다면 어떨까? 예를 들어 네가 가장 좋아하는 여행지라면 말이야.

아무리 제가 좋아하는 여행지라도 똑같은 곳을 계속 여행한다면 점점 재미가 없어지다가 나중엔 결국 식상해지겠죠.

그건 왜 그럴까?

여행이 주는 가장 큰 즐거움은, 여행을 통해 새롭고 다양한 경험을 하는 것입니다. 하지만 계속 똑같은 곳을 여행한다면 더는 새롭고 다양한 경험을 할 수 없기 때문이죠.

그렇다면 여행이 아닌 다른 취미를 가진 사람의 경우는 어떨까? 예를 들면 미식가라든지 예술을 즐기는 사람들 말이야.

그런 사람들도 마찬가지라고 생각합니다. 아무리 맛있는 음식도 같은 음식을 계속 먹으면 질리고, 아무리 멋진 음악이나 공연도 같은 걸 계속 감상하는 건 지겹죠. 뭐든지 즐겁고 재미를 느끼려면 계속해서 새롭고 다양한 경험이 필요하다고 생각합니다.

새롭고 다양한 경험이라……. 너는 그런 경험을 통해 무엇을 얻으려고 하지?

전 새로운 것을 경험할 때 제가 성장한다고 느낍니다. 새롭고 다양한 경험을 통해 세상을 보는 시각이 더 깊어지고 넓어지죠. 그리고 그러한 경험을 통해 점점 저 자신이 성장하고 성숙해진다고 생각합니다.

이제 우리 대화의 목적지에 도달한 것 같구나.

그렇다. 인생의 의미와 목적은 새롭고 다양한 경험을 통해 우리 자신이 계속 성장하고 성숙해 가는 것이다.

언제까지요?

끝없이.

끝이 없다면 좀 이상합니다.

네가 생각하는 끝과 내가 말하는 끝은 다르다. 물론 너의 질문의 의도는 잘 안다. 그래서 우리는 곧 삶과 죽음이란 주제에 관해서도 이야기를 나눌 것이다.

삶과 죽음뿐 아니라 신과 인간, 영혼과 육체, 운명과 카르마…… 알고 싶고 알아야 할 것들이 너무나 많습니다.

이 대화를 통해 너의 모든 의문에 답해주겠다. 그러니 지금은 인생의 의미에 대해 집중하기로 하자.

네, 알겠습니다. 스승님의 말대로라면 인생의 의미와 목적은 한마디로 의식의 성장과 성숙이군요. 그리고 의식의 성장과 성숙은 새롭고 다양한 경험을 통해 이루어지는 것이고요. 새롭고 다양한 경험을 할 때 사람들은 즐거움과 재미를 느끼고, 또 즐거움과 재미를 만끽할 때 우리는 행복하다고 느끼는군요.

결국, 행복과 즐거움과 경험과 성장은 서로 연결되어 있으며 우리가 행복을 추구하는 건 결과적으로 성장과 성숙을 추구하는 것이군요.

그렇다.

정말 쉽네요! 그런데 인류가 그토록 오랫동안 고민해온 질문에 대한 답이 이리도 간단하고 쉬운 것인가요?

너는 더 이상의 답변이 있다고 생각해?

저는 그렇다고 생각하지만, 다른 사람들의 경우엔 여기에 동의할지 잘 모르겠습니다. 예를 들면 종교인들 말입니다. 기독교인이나 불교인들은 신앙을 통한 구원이나 사후의 천국이라든지 열반이나 해탈 같은 것이 인생의 의미라고 생각할 것입니다.

우리의 대화가 길어질 수밖에 없는 이유는, 네가 방금 말한 그러한 주제들이 앞으로 많이 남아있기 때문이다. 그러니 조급해하지 말고 천천히 우리의 대화를 이어가도록 하자.

좋습니다. 그렇다면 의식의 성장과 성숙을 위해 어떤 노력을 해야 합니까? 막연히 그걸 아는 것만으로는 뭔가 부족한 것 같습니다.

단지 그것을 의식하기만 해라. 그것만으로 충분하다.

좀 더 자세히 말해주십시오.

어떤 일을 할 때, 명확한 목적의식을 가지고 할 때와 아무 생각 없이 할 때의 차이는 크다. 너희는 지금까지 자신이 겪는 모든 경험을 너희가 자주 쓰는 표현대로 아무 생각 없이, 그리고 아무 개념 없이 해왔다. 하지만 이제부터는 어떤 경험을 하든 이러한 경험들을 통해 내가 성장하고 성숙해 나간다는 사실을 의식하면서 그것을 해라.

물론 그것을 의식하지 않아도 모든 사람은 경험을 통한 성장과 성숙을 한다. 하지만 의식하지 않을 때 성장과 성숙은 더디게 진행된다. 반면 그것을 의식할 때 성장과 성숙은 훨씬 빨라진다. 완곡하게 표현하자면, 의식의 무의식적 진화가 아니라 '의식의 의식적 진화'를 말하는 것이다.

그것을 의식할 때, 너희는 짧은 경험으로도 그 경험을 통해 얻을 수 있는 성장과 성숙의 경험치를 빨리 획득하고, 불필요한 반복경험 없이 곧바로 다음 단계의 경험으로 나아갈 수 있다.

마치 컴퓨터 게임과 같은 것이군요.

적절한 비유다. 능숙하고 노련한 게이머는 빨리빨리 다음 스테이지로 나아간다.

그럼 인간에게 다음 스테이지가 존재합니까?

그렇다. 그래서 자연스럽게 우리 대화의 다음 주제는 삶과 죽음 그리고 윤회가 되겠구나.

삶과 죽음, 윤회와 카르마

스승님은 사람이 윤회를 한다고 하셨습니다. 그렇다면 윤회를 어떻게 증명할 수 있습니까?

모든 우주 만물은 주기를 가지고 계속 순환한다. 여기엔 사람만 해당되는 것이 아니라, 말 그대로 우주 만물 모든 것이 해당된다. 삶과 죽음 또한 어떠한 주기로 반복되는 것이고, 그것을 윤회라 부른다.

그렇다면 윤회를 하는 이유는 무엇입니까?

더 이상 윤회를 하지 않기 위해!

더 이상 윤회를 하지 않기 위해 윤회를 한다고요?

그렇다. 육체란 도구를 통해 얻을 수 있는 성장과 성숙의 임계점에 도달했을 때, 너희는 자연스럽게 육신의 환생이란 윤회의 고리를 스스로 끊어버린다.

그건 불교의 교리와 비슷한 것 같습니다만, 그래도 사람들은 확신하지 않습니다. 만약 윤회가 사실이라면 사람들은 왜 전생을 기억하지 못하는 겁니까?

말은 똑바로 하자. 못 하는 것이 아니라 안 하는 것이다.

안 하는 것이라고요?

그렇다. 너는 일 년 전 오늘 어떤 옷을 입고 있었지?

글쎄요……. 기억나지 않습니다.

그럼 너의 첫 데이트 땐 어떤 옷을 입었었지?

아, 그때의 옷은 기억합니다. 흰색 셔츠에 청바지를 입었었죠. 한껏 멋을 내느라 꽤 비싼 청바지를 샀었습니다. 브랜드까지 기억하죠.

오래전 일인데도 너는 기억하는 것과 기억하지 못하는 것이 있구나. 그럼 기억하는 것과 기억하지 못하는 것과의 차이는 무엇일까?

음……. 기억하지 못하는 것은 평범하고 일상적인 것이고 기억하는 것은 뭔가 특별했기 때문이군요.

그럼 하나 더 물어보겠다. 넌 어젯밤에 어떤 꿈을 꾸었지?

글쎄요……. 그것도 기억나지 않습니다. 사실 꿈을 꾸었는지도 잘 모르겠습니다.

학자들에 의하면 사람은 잠을 잘 때 반드시 꿈을 꾼다고 한다. 그렇다면 어젯밤에도 꿈을 꾸었을 텐데 넌 바로 어제의 꿈조차도 기억하지 못하는구나.

그렇군요. 왜 그럴까요?

네 말대로 그런 것들은 평범하고 일상적이어서 기억할 만한 가치가 없기에 너희가 기억을 안 하는 것이다. 다시 한 번 말하지만 못 하는 것이 아니라 안 하는 것이다. 하지만 과거의 꿈 중에서 너도 분명히 기억하고 있는 꿈들이 몇 개는 있을 것이다. 그런 꿈들은 너에게 있어 뭔가 특별했고 그래서 기억할 만한 가치가 있다고 판단했기에 너는 기억하기로 마음을 먹은 것이다.

전생의 기억 또한 마찬가지다. 인간은 대략 수천에서 수만 번의 윤회를 하는데 대부분은 기억할 만한 가치가 없는 그렇고 그런 평범한 삶들이었기에 너희가 기억하지 않는 것이다. 그러나 사람들의 선천적으로 타고난 재능이나 취향 등은 평범하고 일상적인 전생의 삶 중에서 그나마 특별했던 전생의 기억이나 흔적들의 일부분이다. 유난히 특정한 나라에 대해 호감을 느낀다든지 타고난 예술적 재능 같은 것들은 전생의 영향 때문이다. 너의 경우도 그럴 텐데.

네, 그렇습니다. 전 어릴 때부터 유난히 미스터리에 관심이 많았죠. 그중에서도 특히 피라미드에 관심이 많았습니다. 어릴 적 항공사의 달력에서 이집트의 피라미드를 보면서 왠지 모를 향수를 느끼기도 했었죠.

그건 너의 전생 중에서도 이집트에서의 전생이 유난히 특별했기 때문이다. 상당히 높은 지위에 있었고 피라미드와도 매우 관련이 깊은 일을 했었지.

그렇군요. 그런데 저의 전생을 제가 아닌 스승님이 더 잘 안다는 게 기분이 묘합니다.

너도 언젠간 너의 전생을 알게 될 때가 올 것이고 나아가 타인의 전생을 알게 될 때도 올 것이다. 그리고……

그리고 또 뭡니까?

그리고 너와 타인이 별개가 아니라 하나인 것을 알게 될 때도 올 것이다.

멋지군요. 저도 그런 날이 빨리 왔으면 좋겠습니다.
그럼 또 묻겠습니다. 윤회가 사실이라면 왜 어떤 사람은 좋은 환경에서 태어나고 어떤 사람은 나쁜 환경에서 태어나는 겁니까?

앞으로도 계속 같은 이야기를 하겠지만, 모든 일은 자신이 원해서 일어난다. 좋은 환경도 자신이 선택하고 나쁜 환경도 자신이 선택한다. 하지만 그 선택의 종류와 폭은 그의 카르마에 의해 사람마다 다를 수 있다.

좀 더 자세히 설명해 주십시오. 그리고 카르마에 대해서도요.

우주를 관통하는 법칙 중의 하나는 뿌린 대로 거둔다는 것이다. 우주 Cosmos는 말 그대로 질서를 의미한다. 그리고 질서는 예외를 허용하지 않는다. 사실 좀 복잡미묘한 것이긴 하지만, 지금은 아주 간단한 예를 들어 설명해주겠다.

너도 말했듯이 인생은 컴퓨터 게임에 비유할 수 있다. 삶이란 한마디로 의식성장 게임이다. 각자의 노력 여하에 따라 한 생을 통해 사람들이 얻게 되는 의식성장의 레벨은 다 다르다. 그 레벨에 경험치라는 이름을 붙인다면, 어떤 이는 백, 어떤 이는 만, 어떤 이는 억에 해당하는 경험치를 획득할 수가 있다.

그 경험치를 가지고 다음 스테이지, 즉 다음 생을 시작할 때 너희는 게임아이템을 구매할 수 있는데, 그 아이템이란 게 바로 너희가 선택하는 다음 생에서의 조건과 환경들이다. 바로 지성, 건강, 부, 외모 같은 것들이지. 경험치가 클수록 너희가 선택할 수 있는 아이템의 양과 질의 폭은 크지만 반대의 경우는 작을 수밖에 없다.

아! 그렇군요. 예를 들면 만 원으로 사 먹을 수 있는 음식의 종류가 있고 십만 원으로 사 먹을 수 있는 음식의 종류가 있는 것과 같군요. 하지만 그

돈의 한도 내에서 메뉴의 선택은 자신이 하는 것이고요.

그렇다. 그리고 만 원으로 만 원짜리 밥을 먹고 물만 마실 수도 있고, 오천 원짜리 밥을 먹고 나머지로 커피도 마시고 버스를 탈 수도 있다.

주식에서는 그런 걸 포트폴리오, 즉 분산투자라고 합니다. 이제야 제대로 이해되는 것 같습니다. 그러니까 경험치가 100이라고 가정할 때, 지성 30, 건강 30, 부 20, 외모 20 또는 지성 70, 건강 10, 부 10, 외모 10, 이런 식으로 배분해서 선택할 수 있다는 것이군요.
만약 경험치를 부에 올인했을 때 재벌의 자식으로 태어날 순 있겠지만, 건강이나 외모 등에선 손해를 감수할 수밖에 없고요.

반드시 그런 건 아니지만, 너희의 이해수준을 감안할 때 지금은 그렇게 밖에는 설명할 수가 없구나. 하지만 여기서 너희가 알아야 할 실제적인 진실은, 너희는 자신의 타고난 환경을 탓할 필요도 없고 타인의 환경을 부러워하거나 질투할 필요가 없다는 것이다.
우주엔 그 어떤 우연도 없다. 우주는 그 자체로 가장 완벽한 슈퍼컴퓨터이며 한 치의 오차도 허용하지 않는다. 모든 것이 너희의 노력의 결과이며 너희의 선택의 결과다. 다시 한 번 기억해라. 우주엔 공짜가 없다.
그리고 거기서부터 또 새로운 카르마가 시작된다. 좋은 환경을 가지고도 그걸 살리지 못할 수도 있고 나쁜 환경에서도 그것을 더 큰 성장과 성숙의 기회로 삼을 수도 있다. 쉬운 예를 들자면, 너희는 벤츠를 타고 자갈길을 달릴 수도 있고 화물차로 잘 포장된 아스팔트를 달릴 수도 있다. 그리고 앞서 말했듯이 의식의 성장은 다양하고 새로운 경험을 필요로 하기에 너희는 때론 남자로 때론 여자로, 때론 부자로 때론 가난뱅이로, 다양한 민족과 국적을 택해서 태어난다. 이것이 삶과 죽음과 윤회와 카르마의 진실이다.

그렇군요. 그럼 또 묻겠습니다.
인간은 육체란 도구를 통해 성장과 성숙의 임계점에 도달했을 때, 윤회와 환생의 고리를 끊는다고 하셨는데 그것에 대해 자세히 말씀해 주십시오.

말 그대로 너희의 의식의 성장에 육체란 도구가 더 이상 필요치 않은 시기가 온다는 것이고, 그때 너희는 육신을 벗어난 차원, 새로운 경험의 스테이지로 진입하게 된다.

육신을 벗어난 비물질적 차원에서의 성장과 성숙의 여정을 간다는 뜻입니까?

쉽게 말하자면 그렇다. 하지만 엄밀히 말하자면 육신을 벗어난 차원이 아니라 육신으로부터 자유로운, 아니 육신의 환상으로부터 자유로운 차원이라고 표현하는 것이 맞을 것이다.

잘 이해되지 않는군요.

이해한다. 영적인 지혜와 관련해 너희가 오해하는 것이 하나 있다. 너희는 의식이 성장하면 낮은 차원의 의식을 버리고 높은 차원의 의식으로 나아간다고 생각한다. 하지만 의식이 성장한다는 것은 의식이 높아지는 것이 아니라 의식이 확장되는 것이다.

어린아이가 어른이 된다는 것은, 어린아이의 관점까지 포함하여 세상을 보는 관점이 어른스럽게 더 깊어지고 넓어지는 것이다. 어른은 어른의 세계에서도 놀 수 있지만, 기꺼이 어린아이의 관점까지 내려와 아이들과 놀아줄 수 있다. 마찬가지로 윤회의 사슬을 끊는다는 것은 육신의 세계를 버리는 것이 아니라 육신의 한계, 물질의 한계, 시간과 공간의 한계로부터 자유로워지고 확장된다는 것을 의미한다.

이제 이해가 됩니다. 스승님과 대화하면서 항상 느끼지만, 고차원의 세계나 저차원의 세계나 기본원리는 비슷한 것 같습니다.

너는 고차원과 저차원을 얘기하지만 나는 그것이 그냥 하나의 차원으로 여겨지는구나. 고차원이나 저차원은 따로 존재하는 개념이 아니라 단지 너희가 그렇게 구별하고 있을 뿐이다. 그러니 하나의 차원이 존재할 뿐이고 기본원리는 같을 수밖에 없다.

잘 알겠습니다. 인간은 대략 수천에서 수만 번의 윤회를 한다고 하셨는데, 그 횟수는 누가 정하는 것입니까?

그것 또한 너희가 정한다. 너희의 노력과 선택에 따라 너희는 물질계를 벗어나는 데 단 몇 번의 환생만 거칠 수도 있고 수만 번의 윤회를 지겹게 반복할 수도 있다. 다르게 말하면, 한 번의 삶을 통해 너희는 빌 게이츠만큼 천문학적인 돈을 벌 수도 있지만, 길거리의 노숙자처럼 고작 몇 푼의 돈으로 한 생을 연명할 수도 있다. 빌 게이츠와 노숙자의 경우처럼 환생에 있어서도 그 횟수의 편차는 너희의 선택과 노력에 따라 실로 천차만별이다.

아무도 너희에게 윤회와 환생을 강요하지 않는다. 너희가 세상에 오는 이유는 단 한 가지다. 너희의 관심이 이 육체와 물질세계에 집중되어 있고, 이 세계가 전부라 생각하고, 이곳이 유일한 천국이라 생각하기에 너희는 계속해서 이곳에 환생해오는 것이다.

그래서 너희는 지금도 육체적인 나를 만족시키고 충족시키기 위해 매진하고 있으며 너희가 원하는 그 어떤 것을 위해 노력하고 있다. 그러다 그것이 얻어지거나 또는 얻지 못해 지치고 지겨워지고 싫증이 나면 다른 만족을 위해 또 새로운 육체를 선택하여 태어난다.

이것이 환생이 존재하게 된 까닭이며, 이 과정에서 카르마가 생겨나고, 카르마에 의한 윤회를 발생시키는 원인이 된다.

한마디로 윤회와 환생의 주체는 바로 우리 자신이고 그 모든 선택도 우리가 한다는 것이군요. 그럼 현생에서의 인연이 저승이나 다음 생에서도 지속되나요? 사람들은 이번 생에서의 못다 한 인연을 저승이나 다음 생에서 기약하기도 하는데, 과연 그것이 가능한지 궁금합니다.

어떤 사람이 천 번의 윤회를 통하여 천 번의 삶을 가져본 경험이 있다고 가정해보자. 천 번의 윤회 때마다 그는 육체적으로는 늘 다른 사람이었지만, 그의 영혼은 언제나 하나였다. 그 하나의 영혼에 천 번의 삶이 있었던 것이다. 그러니 그 사람에겐 천 번의 윤회 동안 얼마나 많은 경험과 인연들이 있었을까?

그러므로 그 사람이 또 한 번의 삶을 마감한다면, 그 생에서의 그의 경험과 감정은 지금까지 살아왔던 천 번의 경험 안에 녹아든다. 즉, 그 사람이 죽고 나면, 이번 생에서의 나는 누구였다는 의식은 천분의 일로 희석되는 것이다.

그러므로 지난 생에서의 인연이 아무리 깊었다 하더라도 육신을 벗어나고 보면 전혀 다른 양상이 전개된다. 죽고 못 살 정도로 사랑했던 인연이라 할지라도 생전의 그 감정이 유지되는 것은 찰나에 불과하다. 지난 생에서의 지극한 사랑을 나눈 연인이나 부부조차도 마치 유치원 시절 그저 한 반에 있었던 아득한 기억 속의 친구로밖에는 여겨지지 않게 된다. 이처럼 세상 속에서의 인연은 뜬구름과 같은 것이다. 그러니 너희는 세속의 인연에 지나치게 연연하지 않아도 된다.

하나의 자아는 이렇게 수많은 삶을 통해 영성을 깨우쳐 가고 있다. 그러므로 삶을 통하여 너희는 반드시 자아탐구라는 소중한 경험과 진정한 자신의 본질을 찾고자 하는 노력과 깨우침이 있어야 한다. 삶에 있어 이보다 더 중요한 일은 없다.

그렇다면 윤회와 카르마를 통해 우리가 알아야 할 진실은 무엇입니까?

많은 사람이 인과응보나 업보, 카르마라는 단어에 일종의 거부감을 느낀다. 예기치 못한 불행한 상황의 원인이 현재가 아닌, 내가 존재하기 이

전의 과거에 있었다고 한다면, 당사자는 물론 주위의 가족과 친지들에게도 이 말이 매우 기막히고 억울하게 들릴 것이기 때문이다.

자신 스스로나 다른 사람들 스스로 그들의 마음을 위로하고 편해지기 위해 부득이 인과응보와 업보라는 단어를 떠올리는 것이지만, 여전히 납득하고 받아들이기 어려운 진실이 바로 인과응보와 카르마의 법칙이다.

문명사회에서는 아직도 전생, 환생, 윤회, 내세…… 이러한 단어들이 애매하고 모호한 개념으로 받아들여지고 있다. 눈에 보이는 것만이 진실이 되는 세계가 바로 문명사회이기 때문이다. 하지만 세상은 평등하고 공평한 곳이다. 그리고 그래야만 한다. 세상에 진리가 있다면, 그것은 모든 사람이 납득하고 수긍하고 인정하는 것이어야 한다. 그래서 우리는 누구에게나 평등하게 적용되는 '보편적 진리'라는 말을 쓰는 것이다.

누구는 부귀하고 누구는 빈천하고, 누구는 장수하고 누구는 단명하고, 누구는 행복하고 누구는 불행하고……. 세상엔 이러한 차별상이 있지만, 이러한 차별상은 결코 세상의 법칙에 의해 세상이 만들어낸 것이 아니라, 우리 스스로 만들어낸 것을 세상에 펼쳐놓고, 우리가 그것을 세상의 법칙이라 정의해 놓은 것이다. 그러므로 우리는 인과응보, 업보, 인연, 운명, 카르마…… 이런 개념들에 큰 의미를 부여할 필요도 없고 이러한 단어들에 거부감을 가질 필요도 없다. 그러한 법칙들은 세상이 만든 세상의 법칙이 아닌, 내가 만든 나의 법칙이기 때문이다.

모든 것은 조화와 균형이다. 무엇을 위한 조화와 균형인가? 평등함과 공평함을 위한 것이다. 그래서 나는 인과응보, 업보, 카르마라고 하는 조화와 균형의 법칙을 만들어 나와 그 모두에게 평등함과 공평함을 적용하고 있다. 이것은 내가 선택한 존재계를 탄생시키고 유지하기 위한 방편이다.

다시 한 번 말하지만, 카르마는 세상이 나에게 준 법칙이 아니다. 세상은 나에게 그 어떤 법칙도 주지 않는다. 세상은 중립이다. 우주는 중립적인 에너지로서 늘 나의 뜻을 따르게 되어 있다. 그러므로 나의 생각과 나의 마음을 통하여 심상화한 것이 곧 내 눈앞에 펼쳐지게 되며, 그것이 나의 운명이 되고 나의 카르마가 되는 것이다. 모든 결과(운명)는 전적으로 나에 의해서 결정이 되며 나의 결정이 바로 원인이 된다. 원인에 의한 결과가 아니라 내가 곧 원인이며 결과이다.

세상은 평등하고 공평하다. 그러므로 나는 이 세상의 법칙을 따라야 한다. 그것은 내가 세상을 경험하기 위해 만들어낸 나의 법칙이기 때문이다.

마지막으로 삶과 죽음을 통해 우리는 무엇을 깨달아야 하는지 말씀해주십시오.

너희는 삶과 죽음을 상반된 개념으로 이해하고 있지만, 삶은 죽음의 과정을 지나온 것이고 죽음은 또 다른 삶의 과정으로 들어가는 것이다. 너희는 탄생에는 예찬을, 죽음에는 애도를 보내지만, 실제로 너희에게는 늘 새로운 탄생만이 있다. 너희는 늘 새로운 경험을 한다. 늘 새로운 삶의 경험이 있고 늘 새로운 죽음의 경험이 있다.

그리고 그러한 과정을 통한 성장과 성숙이 있다. 그러니 탄생이 기쁜 일만도 아니고 죽음이 슬픈 일만도 아니다. 탄생은 떳떳한 일이고 죽음은 부끄러운 일도 아니다. 모든 것은 경험일 뿐이다. 탄생과 죽음은 모두 성장과 성숙을 향한 과정에 불과한 것이다. 긴 인생 짧은 인생, 많은 윤회와 적은 윤회, 다양한 환생과 단순한 환생, 모두 다 너희가 선택하는 경험의 방식이다.

죽음은 이렇듯 종말이 아닌 또 다른 삶을 준비하는 과정이다. 그러니 먼저 출발하는 사람을 아쉬워할 필요가 없고 일찍 출발하는 사람을 슬퍼할 필요도 없다. 그는 단지 먼저, 그리고 일찍 출발하는 것일 뿐이다.

우리 모두에게는 떠나는 시간이 있다. 하지만 그 시간이 다가옴에 너희는 전혀 초조할 필요도 없고 두려워할 필요도 없다. 새롭고 경이로운 여정이 너희를 기다리고 있기 때문이다. 지금의 너는 과거에 이것저것 다해보았고 경험해 보았기에 지금의 네가 된 것이다. 그러나 해볼 것 없이 다 해보아 이 자리에 있는 너이지만, 너는 이제까지 한 번도 너의 존재 자체에 희열을 느끼고, 너의 존재 자체에 흥분하고, 너의 존재 자체에 전율과 경이로움을 느껴보진 않았다. 그러니 이제 너희는 다음의 진실을 알아야 한다.

이 세상은 내가 원해서 온 것이다.
이 세상은 내 육신의 경험을 위해 존재하는 세상이다.
그러므로 이 세상에는 아무런 문제가 없다.
이 세상 그 모든 것은 내 마음에 달려 있을 뿐이다.
그러므로 나는 지상에서의 모든 경험을 받아들인다.
나는 지상의 모든 일을 이해하며 허용하고 포용하고 수용한다.

그리하여 너희는 스스로 이렇게 선언해야 한다.

나는 이 세상의 경험을 마쳤다

나는 이곳에서 겪었던 모든 경험을 사랑하고 이해하게 되었다

나는 이제 새로운 모험을 할 마음가짐이 되어있다

나는 내 앞에 주어질 새로운 차원과 새로운 이해와 새로운 존재의 다른 경험을 받아들일 자세가 되어있고 그 길을 떠날 준비가 되어있다.

그리고……

마침내……

너희는 영광과 축복 속에 이 지상을 그렇게 떠나게 될 것이다.

천국과 지옥, 사후세계

지상에서의 경험을 졸업하고 새로운 차원, 새로운 이해, 새로운 존재의 다른 경험을 한다고 하셨습니다. 그렇다면 우리가 알고 있는 천국이나 지옥은 어떤 것입니까?

너희가 상상하는 그런 천국이나 지옥 같은 건 없다. 애초에 없는 것이기에 그것에 대해 설명하거나 묘사하는 것 자체가 불가능하다. 객관적으로 실재하는 천국이나 지옥과 같은 개념을 인류가 여전히 믿고 있다는 건, 과학문명시대임에도 인류가 영적으로는 아직 미개한 상태에 머물고 있다는 것을 방증한다.

그러니까 기독교나 불교에서 말하는 종교적 의미의 천국과 지옥은 없다

는 것이군요. 그렇다면 천국과 지옥의 실체는 무엇입니까?

너희는 같은 공간과 장소에 있어도 느끼는 감정은 모두 다르다. 같은 곳에 있어도 자신의 마음상태에 따라 어떤 이는 그곳을 천국이라 하고 어떤 이는 그곳을 지옥이라 한다. 세상도 마찬가지다. 어떤 이는 세상을 천국으로 여기며 삶을 찬양하고 어떤 이는 세상을 지옥으로 느끼며 삶을 저주한다.

너희는 천국이나 지상낙원과 같은 유토피아를 꿈꾸지만, 정작 그곳에 간다 할지라도 너희는 결코 행복할 수가 없다. 지금의 너희가 변하지 않는 한 너희는 천국에 가서도 지금처럼 걱정을 할 것이고 낙원에 가서도 지금처럼 고민을 할 것이기 때문이다.

사람들이 말하는 지상천국이 도래한들 너희의 마음이 진정 편해지지 않는 한, 너희는 그 세계에서도 불편하고 불행한 마음을 가지고 살아갈 것이다. 그러므로 진정한 천국은 상황의 변화나 환경의 변화에 있는 것이 아니라 오로지 자신의 변화에 달려있다. 내 마음이 아름다우면 온 세상이 아름답고 내 마음이 평안하면 온 세상이 평화롭다. 그러므로 천국과 지옥은 외부의 세계가 아니라 바로 내 마음 안에 있는 나의 세계이다.

천국과 지옥이 없다고 한다면 사후의 심판 같은 것도 존재하지 않는다는 말입니까?

물론이다. 너희를 심판하는 심판의 하나님도 없고 저승사자도 없으며 염라대왕도 없다. 너희를 괴롭히는 지옥의 마왕도 없고 이승의 죄과를 기록한 저승명부 같은 것도 없다. 유일하게 너희를 심판하고 질책하는 것이 있다면 그것은 바로 너희의 마음, 너희의 양심이다.

마음은 진실하다. 그리고 마음은 투명하고 솔직하다. 그러므로 너희는 너희의 마음을 결코 속일 수 없다. 너희는 말한다. 남은 속일 수 있어도 자기 자신은 속일 수 없다고. 내가 나 자신을 속일 수 없는 것, 그것이 바로 카르마이다.

그렇다면 육체를 떠난 후 우리는 무엇을 보게 됩니까?

육체를 떠난 영혼이 가장 먼저 맞닥뜨리는 것은 바로 자신의 마음이다. 즉, 살아있을 때 가장 강했던 자신의 마음속 생각들을 만나게 된다. 결국, 자신의 관념과 직면하게 된다는 뜻이다.

평소에 기독교를 믿었고 천사의 존재를 믿었던 사람의 눈에는 천사가 나타나고 불교를 믿었던 사람의 눈앞에는 제석천왕이 나타나며 저승사자가 나타난다고 믿었던 사람에게는 갓을 쓴 저승사자가 보인다. 결국, 그 사람이 그렇게 생각하니까 그렇게 펼쳐지는 것이다.

그래서 사후세계의 모습은 가지각색이다. 사람들의 생각이 서로 다르니 사람들이 죽고 나서 누리는 세계도 천차만별이다. 지금 우리가 같은 지구에 살아도 야자열매를 따먹으며 살아가는 사람들이 있고 온갖 문명의 이기를 누리는 사람들이 있듯 사후세계도 그와 같다.

그렇다면 정형화된 사후의 세계는 없는 것이군요.

그렇다. 죽음 이후의 세계에 대해 확실하게 말해줄 수 있는 것은 죽어 봐야 안다는 것이다. 죽음 이후의 세계는 살아있는 이쪽 세계의 언어로 는 제대로 설명할 수 없다. 만약 너에게 어제 꾸었던 꿈을 설명해 보라고 하면 그것을 어떻게 설명할 수 있을까. 너희가 꿈을 꿀 때는 그것이 굉장 히 현실성 있어 보이지만, 꿈을 깬 후엔 그것이 매우 추상적으로 느껴진 다. 또 아득하게 느껴지고 일말의 가치도 없다는 생각도 들 것이다.

꿈을 꾸다 보면 슬픈 일도 있고 무서운 일도 있다. 꿈속에서는 그것이 생생한 체험으로 느껴지지만, 깨어났을 때 그 꿈은 가슴을 한번 쓸어내 리면 사라진다. 마찬가지로 너희가 살아있을 때 아무리 애절한 사연이 있다 하더라도 육체를 벗어나면 이곳에서 울고 웃었던 모든 것들이 꿈처 럼 아득하게 느껴진다.

너희가 지금까지 수없이 많은 꿈을 꾸었는데도 그것을 다 헤아릴 수 없듯이 너희가 지금까지 육체로 산 것이 수천, 수만 번이었다 하더라도 사후엔 그 삶들이 모두 꿈의 한 장면들처럼 기억될 뿐이다.

우리의 삶 또한 하나의 긴 꿈이다. 지금 우리는 꿈의 연장선에 있다. 이 현실은 오늘과 내일이 계속 연결되는 꿈이다. 너희가 꾸는 꿈도 어제 꿈꾼 것, 오늘 꿈꾸는 것, 내일 꿈꿀 것을 계속 연결지을 수만 있다면 그 꿈 또한 이 현실과 다르지 않다.

하지만 꿈이라고 느끼기엔 이 현실이 너무 생생합니다.

이 세계는 물질적인 생각에 빠지는 세계이고 사후세계는 감정적인 생 각에 빠지는 세계이다. 결국, 이곳도 저곳도 모두 생각의 세계이다. 지금은 물질의 꿈을 꾸고 사후세계에서는 감정의 꿈을 꾼다.

　네 말대로 물질이라는 것이 현상적으로 생생하게 느껴지는데 어떻게 이것이 꿈이냐고 반문할 수 있다. 그러나 이미 물리학에서도 밝혀졌듯이 너희가 물질의 임계점을 경험할 수 있다면, 그때 너희는 지금까지 물체와 육체로 인식하던 것들이 하나의 물질적인 기호이자 매개체이고 데이터일 뿐임을 알게 될 것이다.

　사후세계는 육체가 없는데도 너희는 상념으로 그것을 만들어서 느낀다. 영혼이란 공기와 같고 허공과 같다. 그럼에도 그 세계의 관점에서는 자신들은 구체화된 세계에 살고 있다고 느끼고 오히려 육신의 세계를 막연하고 추상적으로 느낀다. 우리는 영혼을 환상처럼 보지만 영혼의 입장에선 우리가 환상처럼 보인다.

　그렇다면 진실은 무엇일까? 진실은 둘 다 환상이고 둘은 서로 상대적이라는 것이다. 너희가 그것을 환상으로 보는 이유는 너희가 실상이라는 관점을 가지고 있기 때문이다. 반대의 경우도 마찬가지고.

　결국, 두 세계는 상대적인 관점에서 나오는 환상이다. 보는 관점에 따라 달라지는 것일 뿐 영원한 것이 아니다. 단지 물질적인 현상으로 나타나느냐 영적인 현상으로 나타나느냐의 차이일 뿐이다.

　현실과 사후의 세계가 모두 꿈이라면 너무 허무한 것 같습니다. 그렇다면 그 꿈의 세계에서 우리가 해야 할 일은 무엇입니까?

　삶이 꿈인 걸 알았으니 그 꿈에서 깨어나야지.

꿈에서 깬다는 건 어떤 의미입니까?

그것이 꿈이란 것을 아는 것이 꿈에서 깨는 것이다.

좀 더 자세히 말씀해 주십시오.

그 꿈은 누가 꾸지?

제가 꿉니다.

그렇다. 바로 네가 그 꿈을 꾸고, 네가 그 꿈을 있게 하고, 네가 그 꿈을 창조했다. 너의 꿈속에서 펼쳐지는 모든 배경과 상황과 등장인물들 역시 모두 네가 만들어냈다. 꿈을 깬다는 것은, 먼저 내가 꿈을 꾸고 있다는 사실을 알아차리고 그다음은 나에 의해 그 꿈이 존재하고 펼쳐지고 있다는 사실을 자각하는 것이다.

알 듯 말 듯합니다. 그렇다면 이 현실이 꿈임을 알고 그 꿈이 나에 의해 존재하고 펼쳐지고 있다는 사실을 자각한 사람과 그것을 모르고 살아가는 사람은 현실적으로 어떻게 다릅니까?

네가 영화를 좋아하니까 영화를 예로 들어보자.

만약 네가 공포영화를 보고 있는데 무서운 장면에서 어떤 사람이 너무 놀라 기절을 한다거나, 슬픈 영화를 보고 있는데 슬픈 장면에서 어떤 사람이 슬픔에 빠져 통곡을 한다면, 너는 그런 사람을 보면서 어떤 생각을 할까?

한심하다고 생각하겠죠.

왜 한심하다고 생각하지?

물론 공포영화를 보면서 놀랄 때도 있고 슬픈 영화를 보면 슬프기도 합니다. 그렇지만 놀라서 기절하고 슬퍼서 통곡까지 하는 건 너무 심하죠. 그건 단지 영화일 뿐이잖습니까.

네 말대로 그건 단지 영화일 뿐 현실이 아니다. 그래서 영화를 보면서 기절을 하고 통곡을 하는 사람은 현실적으로 극히 드물다.

너희는 영화관에 들어서기 전에 이번엔 액션영화를 볼 것인지 공포영화를 볼 것인지 슬픈 영화를 볼 것인지 미리 선택하고 영화표를 샀다. 그리곤 그 영화가 주는 액션과 공포와 슬픔을 기꺼이 만끽한다. 비록 순간순간 흥분하고 놀라고 슬픔에 빠질지라도, 너희 의식의 밑바탕에는 그것들이 모두 영화가 주는 환상이며 내가 선택한 경험임을 알기에 그것에 빠지지 않고 그것들을 즐긴다.

너희의 현실 또한 이와 다르지 않다. 그러나 너희는 현실이란 꿈, 현실이란 영화에 푹 빠져 그 속의 희로애락에 일희일비한다. 영화를 볼 때와는 달리, 너희는 현실이란 영화에서는 대부분 그 영화가 주는 환상에 빠져 허우적거린다.

그러나 삶이 꿈임을 알고 그 꿈의 주체가 자신임을 아는 사람은 결코 꿈이 주는 환상에 휘둘리지 않는다. 비록 그 또한 삶의 희로애락에 일희일비할 때도 있지만, 그는 이내 본래의 자기 자리를 되찾는다.

그는 산 정상에 있는 사람이다. 산꼭대기에 머물다 유희를 위해 잠시 아랫마을 사람들과 어울려 왁자지껄 놀지만, 놀이가 끝나면 그는 홀로 자신의 거처인 산 정상으로 올라간다. 그는 깨어있기에 희로애락을 일으키는 자신의 생각과 감정을 항상 주시한다.

보통사람들은 생각과 감정에 빠져있지만, 그는 생각과 감정을 사용한다. 보통사람들은 화를 내고 흥분을 하고 고민을 하지만, 그는 화내지 않으면서 화를 낼 수 있고, 흥분하지 않으면서 흥분할 수 있고, 고민하지 않으면서 고민할 수 있다. 그는 생각과 감정의 주인이다. 이러한 사람이 꿈에서 깬 사람이다.

너희는 삶을 현실로 인식하지만, 그것을 현실로 인식할수록 환상은 더 심화된다. 하지만 그것이 환상임을 자각할 때, 환상은 비로소 실체가 된다. 그리고 오직 실체가 있다면, 그 모든 꿈과 환상을 있게 한 '나'만이 유일한 실체이다.

내가 지금까지 얘기했고 앞으로도 얘기할 모든 이야기의 핵심은 바로 '나'에 관한 것이다. 삶과 우주와 존재하는 모든 것이 바로 나로 인해 존재하고 나로 인해 유지되며 나로 인해 의미를 가진다. 우리의 대화가 깊어질수록 너는 그 '나'의 진실에 점점 더 가까이 다가가게 될 것이다.

잘 알겠습니다. 그럼 다음 질문으로 넘어가겠습니다.

한국의 자살률은 세계에서 가장 높은 수준이라고 합니다. 그럼 자살한 영혼들이 맞이하는 사후의 여정은 어떻습니까?

　영혼과 육체라는 인간의 기본구조에 대한 무지와 몰이해가 초래하는 가장 어리석은 비극이 바로 자살이다. 삶이 괴로울 때, 사람들은 흔히 죽음으로 모든 것을 끝내고 싶다, 죽으면 그만이다는 생각들을 한다. 그리하여 급기야 스스로 목숨을 끊는 자살을 시도하기까지 한다.
　그러나 애석하게도 이들을 기다리는 건 모든 것이 사라진 아무것도 없는 공空의 세계가 아닌, 어둡고 캄캄한 암흑 속에 있는 자신이다.

　왜 그들이 있는 곳은 캄캄한 암흑인가요?

　자살을 감행했던 그들이 표면적으로 원했던 것은 현실로부터의 도피였지만, 그들은 결코 현실로부터 떠나오기를 바란 것이 아니다. 단지 그들은 현실로부터 숨고 싶었던 것이다. 그런 그들의 심리가 주변 환경을 그렇게 깜깜한 암흑으로 창조해놓는 것이다.
　자살로 인한 육체적인 죽음으로 해결되는 것은 오직 피상적인 현실일뿐, 정작 중요한 자기 자신은 자신의 폐쇄된 관념이 펼쳐내는 환상으로 인한 혹독한 대가를 치러야만 한다.
　자살자의 사후세계는 살아생전의 자살해야 했던 상황이나 피치 못할 사연에 따라 다소 차이는 있겠지만, 특이한 경우를 제외하고는, 대부분의 자살자가 겪는 사후세계의 경험은 거의 비슷하다. 이유를 막론하고 자신의 마음을 외부로부터 단절시키고, 폐쇄된 자기 사고에 갇혀 스스로 목숨을 끊는다는 것은 용납될 수 없는, 자신의 숭고한 경험과 성장을 포기한 이기적인 행동이기 때문이다.

그러므로 이들은 한동안 진화 여정의 흐름을 타지 못하고 자살의 경험 속에 갇히게 된다. 자살자들 대부분은 죽고 나서도 자신의 의식이 회복되는 것이 두려워, 그 세계에서도 계속해서 자살을 되풀이하곤 한다. 높은 곳에서 떨어져 죽은 사람은 계속해서 뛰어내리고, 차에 뛰어든 사람은 계속해서 차에 뛰어들고, 약은 먹은 사람들은 고통 속에서도 계속 약을 먹어댄다.

그나마 육신이 있을 땐, 생각 속에 빠져있을지라도, 생각보다 농밀하고 구체적인 현실에 의해 다른 생각으로 전환한다든지, 상대방의 설득과 조언에 힘입어 자신의 고립된 생각에서 벗어날 수 있다. 하지만 자살자의 세계는 외부로부터의 완전한 단절을 의미함으로 자기 생각의 영향력으로부터 도저히 빠져나올 수 없게 되기에 문제가 심각한 것이다. 갈 곳 없는 영혼이 떠돈다는 구천九泉은 이러한 영적인 자폐증 환자들의 세계이다.

자살은 문제의 해결이나 도피가 아니라 오히려 문제를 더 복잡하게 만드는 것이군요. 그렇다면 자살을 생각하는 사람들에게 있어 진정한 해결책은 무엇입니까?

그들뿐만 아니라 너희 모두는 살아있을 때 자신의 생각과 감정으로부터 자유로울 수 있어야 한다. 그러기 위해서는, 자신을 어떠한 형태로든 구속하려고 하는 생각과 감정의 허상과 그 실체를 깨달아, 하루빨리 이러한 개인적이고 폐쇄적인 자신의 관념으로부터 자신을 자유롭게 풀어놓을 수 있는 지혜를 터득해야 한다.

그들은 죽기 전에 이런 생각을 했다.

내가 사라지면 된다.
내가 죽으면 그만이다.
내가 없어지면 모든 것이 해결된다.

그러나 진실은,

바로 그런 생각들을 사라지게 하고
그런 생각들을 죽이면 되고
그런 생각들을 없어지게 하면 되는 것이다.

수동적으로 죽음에 의지할 것 없이, 능동적인 내 자유의지로 나를 괴롭히고 나를 힘들게 하는 내 생각들을 사라지게 하면 되는 것이다. 그러나 그들은 그렇게 하지 않았다. 그들은 육체의 죽음이 모든 것을 해결해줄 것으로 생각했다. 그들은 육체의 죽음이 생각의 죽음, 감정의 죽음, 느낌의 죽음, 곧 모든 것의 죽음이라고 생각했다. 하지만 그들은 살아생전에 다음과 같은 사실을 깨달아야 했다.

나의 육신은 가만히 있어도, 나의 생각은 끊임없이 달리고 있었다.
나의 육신은 편안했어도, 나의 생각은 늘 나를 괴롭혔었다.
나의 육신은 원하지 않았어도, 나의 생각은 늘 나를 끌고 다녔다
나의 육신은 잠을 잤어도, 나의 생각은 활동하고 있었다.

그러므로 나의 육신과 나의 생각은 별개의 것이다.

그러니 육체가 죽는다고 해서 생각까지 죽는 것은 아니다

그들은 이 간단한 진실을 알지 못했다. 그들은 육신을 버렸어도 자신의 영원한 동반자인 생각마저 버릴 수는 없었다.

너희에게 죽음은 없다. 너희에게 끝은 없다. 너희가 믿을 것은 너희 자신밖에 없다. 너희가 기댈 곳은 너희 자신밖에 없다. 그러니 너희를 구원해줄 수 있는 존재는 너희 자신밖에 없다.

그럼 지진이나 해일 같은 천재지변이나 사고로 죽는 사람들의 사후의 여정은 어떻습니까?

지진이나 해일, 전쟁과 같은 대참사의 현장에서 맥없이 사라져가는 수많은 희생자를 보면, 한낱 풀 한 포기와 같은 인간의 현실이 허무하고 덧없이 느껴지겠지만, 인생은 어떻게 죽느냐가 중요한 것이 아니라 어떻게 사느냐가 중요한 것이다.

이렇게 죽으나 저렇게 죽으나 죽음은 모든 이에게 가장 황당한 현실이다. 그러므로 한순간에 사고로 죽는 것이나 병상에서 자신의 가족과 친지들에게 일일이 작별인사를 하고 죽음을 맞이하는 것이나, 자기의 육신은 물론 자기 주변의 모든 것들로부터 이별을 고해야만 하는 죽음이라는 대명제 앞에서는 별반 차이가 없다.

그러니 살아있을 때, 내가 단 하루를 산다 하더라도, 나는 지금 이 순간 나 자신의 성장을 이루겠다는 굳건한 마음가짐이 필요하다.

그렇다면 사고로 죽은 사람들이나 평범하게 죽은 사람들이나 사후의 여정은 별반 다를 게 없다는 말입니까?

그렇진 않다. 천재지변이나 사고에 의해 수많은 사람이 동시에 목숨을 잃었을 때 발생하는 심각한 문제는, 죽은 자들의 집단의식 각성이 일어날 수 있다는 점이다. 집단의식 각성이란 희생자들 간에 서로 의식의 공유가 일어난다는 것인데, 이렇게 죽은 자들 간에 의식의 공유가 일어나게 되면 저승으로 가는 도중에 혼수상태였던 죽은 영혼의 의식이 깨어나는 상황이 벌어지게 된다는 것이다.

대부분의 경우 사후에 영혼이 저승으로 옮겨가는 과정은, 죽음에 이르게 된 혼수상태에서 그대로 영혼이 저승으로 운반되어 차후에 저승에서 의식이 차츰 들어오는 식이다. 하지만 집단의식 각성으로 인해 일시적으로 의식이 들어온 사후의 영혼은 각성된 유체이탈의 상태처럼 자신의 주검을 보게 된다. 그리하여 자기의 죽음이 일어났던 참혹한 현장과 자신의 처참한 시신을 보게 되며 살아있는 사람들의 울부짖음, 비통한 절규가 그들에게도 전해져 이러한 감정들을 산 사람과 똑같이 느끼게 된다.

이런 일시적인 집단각성 현상이 벌어지는 이유는, 죽는 순간 찾아온 두려움과 공포의 상념들, 불안한 마음들이 서로에게 의지하려는 군중심리를 유발하기 때문인데, 이러한 결속된 다수의 의식으로 인해 죽은 자들의 의식이 하나둘씩 깨어나는 데서 문제가 생긴다. 한마디로 충분히 잠들지 못하고 선잠을 깨는 아기들과 같다고나 할까.

아무튼, 이렇게 깨어난 영혼들은 객관적인 상황파악을 하나둘씩 하기 시작한다. 살아있을 때도 여러 사람이 모이면 의식의 공유로 혼자 있을 때보다 쉽게 상황파악을 하게 되듯이 말이다. 그런데 문제는 죽은 자들의 사후인식이 거기에만 멈추어져 있다는 사실이다.

나는 이 세계를 떠났고 다시는 이 세계로 되돌아올 수 없다는 인식에만 고정되어, 살아있는 사람보다 더욱 극심한 심리적인 공황상태에 빠져 좀처럼 헤어나지 못하는 경우가 많다. 이들은 자신이 천재지변으로 죽었다는 사실로 인해 세상으로부터 버림받았다는 심한 상실감과 자괴감을 느끼는 등 극단적인 자살자와 비슷한 심리상태를 보이며, 다른 영혼들에까지 이 같은 피해심리를 자극한다.

그리하여 비통하고 슬프게 울부짖는 것은 살아있는 사람보다 더 심하다. 다시 세상으로 돌아가게 해달라고 애원하는 영혼들, 자신은 절대로 세상을 떠날 수 없다고 우기는 영혼들, 가족들과 헤어져서는 못 산다는 영혼들, 자신은 이제 아무 데도 갈 곳이 없다고 절규하는 영혼들……. 이렇게 수없이 생겨나는 한 많은 영혼은 사실 영적 차원의 인류사에서 큰 문제이다.

이러한 막무가내의 영혼들이 거주하는 곳은 이승도 아니고 저승도 아닌, 너희가 흔히 구천을 떠돈다고 말하는 소위 중음계中陰界란 곳이다. 이곳에서 그들은 자기의 죽음을 겸허하게 받아들일 때까지 계속해서 방황을 거듭하게 되는데, 때에 따라선 이승의 시간으로 거의 영겁에 가까운 세월을 이곳에서 보내는 영혼도 있다. 한마디로 정상적인 의식의 성장단계를 거치지 못하고 한참을 지체하게 되는 것이다.

자기의 죽음을 받아들일 때까지라고 하셨는데, 그럼 어떻게 자기 죽음을 받아들이게 됩니까?

앞서도 얘기했듯이, 대부분의 사람은 죽는 순간의 무의식 상태에서 영혼이 저승으로 운반되어 천천히 깨어나게 된다. 그리하여 어느 순간 비로소 자신이 죽었다는 사실을 인식하게 되고 편안히 죽음을 받아들인다. 그런 다음 천천히 자신의 지난 삶을 되돌아보며 충분한 휴식과 관조의 시간을 가진다.

그렇게 충분한 휴식과 관조의 과정을 거친 영혼은 다시 새로운 육체의 경험을 위해 세상으로 돌아온다. 그러나 성숙하지 못한 영혼은 저승에서조차 자신이 죽었다는 사실을 인식하지 못하는 경우가 많다. 마치 깨어나지 않는 꿈을 꾸듯 일종의 무의식 상태에서 오랜 시간을 보내게 되는 것이다.

그 때문에 일반적인 사람들이 가는 사후세계에는 그들의 영혼을 돌봐주는 일종의 보모역할을 하는 존재들이 있다. 그만큼 인류 대부분의 영적 수준은 아직도 유아적인 상태에 머물러 있다. 그러나 보모들이라고 해서 그들이 하나부터 열까지 모든 것을 보살펴주는 그런 개념의 보모들은 아니다. 그들이 아무리 어르고 달래도 막무가내로 자기 죽음을 부정하는 고집불통의 영혼들에는 속수무책이다.

고집불통의 영혼들은 어떤 영혼들입니까?

너희가 '속물'이라 일컫는 사람들이 대표적인 고집불통의 영혼들이지. 살아있을 때 세속적이고 물질적이고 육체적인 욕구와 욕망이 전부라고 생각하고 또 그렇게 살았던 영혼들 말이다. 그들은 죽음에 대한 인식이 없었기에 당연히 사후에도 자신이 죽었다는 사실을 인식하지 못한다. 한마디로 유아기 단계의 영혼이라고 할 수 있지.

유아기의 영혼이라 하니 Jose Stevens와 Simon Warick-Smith가 말한 소울에이지가 생각나는군요. 영혼의 성장단계를 인펀트 소울Infant soul, 베이비 소울Baby soul, 영 소울Young soul, 머추어 소울Mature soul, 올드 소울Old soul 등으로 분류하여 단계별 인간의 특성에 대해 말하고 있습니다.

매우 유익한 내용이라 너희도 그의 글을 꼭 찾아서 읽어보길 권한다. 그 이유는, 그 글이 주는 지식적인 정보가 중요한 것이 아니라 그 글을 통해 내 의식의 현주소를 언뜻 엿볼 수 있기 때문이다.

물론 그 글의 내용이 확정적인 사실을 입증하는 것은 아니다. 예를 들어 영혼의 성숙도를 몇 단계로 분류했다 해도 현재의 나는 그 모든 과거 여정의 나를 포함하고 있기에 과거의 성향이 완전히 없어지지는 않고 다만 그 성향의 비중에 차이가 나는 것일 뿐이다.

즉, 여기서 말하는 올드 소울이라고 해도 영 소울의 속성을 지니고 있으며 영 소울이라고 해도 올드 소울의 가능성을 이미 지니고 있다는 것이다. 단지 여기에는 다양한 경험방식의 차이만 있을 뿐이다.

그렇군요. 사후세계와 관련하여 더 해주실 말씀이 있으신가요?

성경에 "땅에서 매이면 하늘에서도 매이고 땅에서 풀리면 하늘에서도 풀린다."는 말이 있다. 결국, 이승이나 저승의 세계나 다를 것이 없다는 뜻이다. 따라서 너희는 사후의 세계에서도 지금 너희의 성향대로 살게 된다. 육신이 없기에 그곳에서 각각의 영혼은 육신의 삶을 통해 맺힌 스트레스를 각자 자기 나름대로 푼다. 그러나 스트레스를 아름답게 해소하는 영혼도 있고 고통스럽게 몸부림치면서 해소하는 영혼도 있는 등 각양각색이다.

너희가 말하는 지옥이란, 그 영혼의 어두운 상념이 펼쳐내는 자신만의 세계이다. 결국, 어둠도 빛을 거부하는 사람의 자유의지에 의해 창조된다. 그래서 지옥도 그에겐 나름의 천국이라 할 수 있다. 이처럼 사후세계에 간다는 것은 나름대로 자신에게 맞는 천국으로 가는 것이니 상대적인 관점에서 좋고 나쁨을 따질 수 없다. 그리고 사후세계에 오래 머물다 보면 권태로움이 생기는데, 그때 너희는 현실세계를 다시 경험해 보겠다는 대단한 결심을 하고 또 세상에 나온다.

그게 왜 대단한 결심이죠?

사후세계는 카르마가 존재하지 않기에 스트레스가 풀리는 세계이다. 그러나 육신의 세계는 개별적 자아의 자유의지가 서로 어우러지는 곳이기에 카르마가 존재한다. 그래서 이 세계에 다시 오기 위해서는 이전 생의 카르마를 모두 짊어지고 올 수밖에 없다.

예를 들면, 네가 어떤 마을에서 살다가 죄를 짓고 도망을 갔는데 만약 그 마을에 다시 돌아가게 된다면 그 마을에서의 죄의 책임을 다시 질 수밖에 없는 것과 같은 이치이다. 그래서 대단한 결심이라고 하는 것이다.

이처럼 사후의 관점에서 육체를 가지고 다시 태어나는 것은 매우 힘든 결정이다. 그래서 너희는 대단한 각오를 하고 다시 태어난다. 이번 생에서는 무언가를 이루겠다는 큰 결심을 하고 태어난다. 그러나 너희는 막상 태어나서는 그 사실을 망각하고 다시 세속의 흐름에 휩쓸려 살아간다. 그리고 죽고 나서는 또 생전의 사랑을 못 이룬 것에 대한 회한, 부를 누리지 못한 것에 대한 아쉬움 같은 것들에 대해 한참 스트레스를 푼다. 그리고는 다시 색다른 경험을 해보고 싶어지고 다시 대단한 각오로 '이번에는 깨달아야지!', '이번에는 이렇게 살아야지!' 하면서 태어나고 죽음을 반복한다.

너희는 죽음을 두려워하지만 이런 식으로 너희의 의식은 영속한다. 그러니 아무것도 두려워하지 않아도 된다. 너희의 의식을 혼수상태에 빠뜨릴 수 있는 것은 아무것도 없다. 그래서 바로 지금, 이 세계에 있을 때 양쪽 세계를 모두 다 알아야 한다. 이 세계도 깨우치고 그쪽 세계도 깨우쳐서 더 이상 현상에 휩쓸리지 않는 그런 자각을 얻어야 한다.

삶이 꿈이어서 허무하다는 것은 니체식의 절대적 허무가 아니라, 그 허무조차도 만들어내는 공空의 세계가 바로 너희의 본래 세계임을 알아야 한다. 차후에 더 자세히 설명하겠지만, 너희는 허무한 존재가 아니다. 너희는 그 허무조차도 선택하고 창조할 수 있는 위대한 대자유, 위대한 창조성 그 자체이다.

신과 인간, 빛의 존재들

지금까지 스승님과의 대화를 종합해 보면 삶과 죽음, 윤회와 환생의 모든 주체는 바로 인간 자신이란 걸 알 수 있습니다. 그렇다면 거기에 신이 낄 자리는 없는 것 같은데, 신이란 존재는 없는 것입니까? 만약 있다면 신은 어떤 존재입니까?

지금까지의 대화를 통해 너도 어느 정도 짐작하고 있겠지만, 만물을 창조하고 그 피조물을 관리하고 감독하는 종교적 의미의 신은 없다.

그럼 어떤 신이 있습니까?

신은 너의 미래다.

음……. 그러니까 계속해서 성장하고 성숙하다 보면 인간도 결국 신의 반열에 이르게 된다는 뜻이군요?

그렇다. 잘 알면서 왜 물어보지?

알긴 알겠는데 사실 실감이 나지 않습니다. 유한한 육신을 가진 인간이 어떻게 신과 같은 무한한 존재로 나아갈 수 있습니까?

그것은 '어떻게'라는 방법의 문제가 아니다. 너희가 무한한 존재가 되는 것은 너희의 궁극적인 운명이다. 유한은 운명적으로 무한으로 가는 여정을 밟는다. 그러니 너희의 현재의 구속은 미래의 자유를 향한 발돋움이다. 너희는 그 황홀한 여정을 향해 계속 나아가고 있다. 무한과 자유를 향해 그렇게 장엄하게 뻗어 나가고 있다. 그러기에 너희의 육체는 끝이 아니며 너희의 육체는 종국이 아니다.

너희의 몸은 이제 시작이고 출발이다. 지금 너희에게 주어진 '신으로의 귀환'이란 운명의 시작일 뿐이다. 그러니 너 자신을 지금의 유한한 육체로 한정 짓지 마라.

잘 알겠습니다. 여전히 실감이 나지 않은 것은 죄송스럽습니다만…….

지금 너희의 의식은 손톱에 머물러 있다. 손톱은 너희의 전부이고 너희의 인생이다. 그래서 너희는 자신의 인생을 부귀와 권력과 명예라는 장밋빛으로 물들이고 싶어 하고, 그리하여 손톱에 다양한 색깔을 칠하고자 시도한다. 한 색깔을 가지면 이내 다른 색깔을 갖고자 하는 욕망으로 너희는 끊임없이 색깔 찾기에 몰두한다.

끊임없는 생명의 에너지가 주어져 손톱은 계속 자랄 수 있겠지만, 너희에게 있어 중요한 일은 손톱을 통해 퍼져 나가는 생명력의 신비가 아닌, 손톱을 아름답게 가꾸는 일뿐이다. 그리하여 너희는 너희의 아름다운 욕망을 채우기 위해 너희의 생명력을 스스로 잘라 나간다.

손톱이 자라는 동안 손톱의 때라는 스트레스가 시종 너희를 따라다닐 것이지만, 그것 역시 너희 욕구의 희생양이 되어버린 채 생명력과 함께 잘려나간다. 이런 식으로 손톱과 같은 너희의 삶은 윤회를 반복하며 그렇게 또 한 생을 허비한다.

그러나 얼마 지나지 않아 너희의 의식은 손가락에 머물게 될 것이다. 너희의 의식은 어느덧 손가락 끝에 달린 손톱의 한계와 허망함을 보게 될 것이고, 다른 손가락과 그 손가락마다 달린 손톱을 보며 다른 차원의 신비와 호기심에 관심을 기울이게 될 것이다.

그리고 많은 시간이 흘러, 너희의 의식은 손에 머물게 될 것이다. 너희는 손가락을 이용해 창조를 이루어 내고 창조를 경험하고 창조에 새로운 변화를 줄 수 있게 된다.

그리고 어느 순간, 너희는 팔의 의식에 도달하게 된다. 너희는 두 팔이라는 상대성을 통해 창조의 진정한 형태와 모습을 보며 전지하고 전능한 창조주의 힘을 흠뻑 느낄 수 있게 되고 그 힘을 누리게 될 것이다.

그러던 어느 날, 너희의 의식은 마침내 머리에 도달하게 될 것이다. 그곳에는 바로 자유가 초연히 기다리고 있다. 그리고 비로소 너희는 알게 될 것이다. 누구의 지배도 받지 않는, 그리고 무엇이든 선택할 수 있는 그 모든 것의 완벽한 주인이 바로 나였다는 것을.

거기서 너희는 절대적인 고요와 정적, 그리고 완전한 침묵 속에 머물러 있을 수도 있고, 창조와 소멸이라는 변화의 생동감에 뛰어들 수도 있다.

너희는 무엇이든 선택할 수 있는 자유 그 자체이다. 그리고 마침내 너희는 그것을 찾게 될 것이다.

정말 아름다운 비유군요. 그런데 인류는 왜 여전히 피조물의 관점에서 신의 권능에 의존하려고 하는 겁니까?

학습효과 때문이지. 세상에 눈을 뜬 순간부터, 무언가를 판단할 수 있는 나이가 되기 전부터 너희는 그렇게밖에 배우지 못했다. 나는 나약하고, 나는 불완전하며, 나는 별 볼 일 없는 존재다. 그래서 나는 나를 완전한 존재에게 의탁함으로써 나의 부족함을 채울 수 있다고 배웠다.

우리가 현실적으로 불완전하고 나약한 건 사실이지 않습니까?

사실이기도 하지만 아니기도 하지. 너희는 나약하지만 나약하지 않고, 불완전하지만 불완전하지 않다. 너는 어린아이들을 보면서 어떤 생각을 하지? 철없이 뛰어노는 어린아이가 마냥 나약하고 불완전한 존재일까?

비록 어른의 보살핌을 필요로 할지라도 어린아이는 그 자체로 완벽한 존재이다. 그도 언젠간 어른이 될 터이고 또 자신의 분신인 자녀들을 보살피게 될 테니까. 그 아이가 단지 어른의 보살핌을 필요로 한다고 해서 불완전한 것은 아니다.

어린아이에게는 부모가 신과 같은 존재지만 부모는 아이가 자라서 더 성숙한 부모가 되길 원한다. 너희의 신 또한 너희가 하루빨리 성장하고 성숙하여 더 멋진 신이 되길 원한다. 그러니 영원히 신에게 의지하고 보호받아야 하는 인간이란 개념은 인류의 유아기적 환상에 불과하다. 이제 인류는 어린아이의 의식에서 어른의 의식으로 도약할 때가 되었다.

그러니까 이젠 인류가 신으로부터 자립할 때가 됐다는 말씀입니까?

어른과 어린아이는 비유를 들어 얘기한 것이고, 너희는 처음부터 신이었고 신이 아니었던 적은 한 번도 없다. 그러니 신으로부터 자립한다는 생각보다는 내가 애초에 신이었다는 사실을 기억해 내는 것이 중요하다.

알 듯 말 듯합니다. 그렇다면 애초에 신이었던 내가 지금의 불완전한 모습을 하고 있는 이유는 무엇입니까?

우리가 처음 대화를 시작했을 때를 상기해라. 모든 존재는 어떤 방식으로든 성장과 성숙을 지향한다. 신 또한 신 나름의 방식으로 성장과 성숙을 지향한다. 너희의 불완전한 모습은 성장과 성숙을 지향하는 신의 한 방식이다.

좀 더 자세히 설명해 주십시오.

신은 창조의 방식을 통해 성장과 성숙을 추구한다.
너희가 착각하는 것의 하나는, 신은 완벽하기에 고정불변할 것이라는 생각이다. 하지만 더 이상의 성장과 성숙도 없고 더불어 변화와 창조도 없는 상태는 완벽한 상태가 아니다. 그러므로 신도 창조라는 경험을 통해 성장과 성숙의 여정을 가고 있다. 창조의 과정은 불완전함을 띠면서 완전을 지향하지만, 그 불완전함조차도 신의 관점에서는 완전함의 다른 모습일 뿐이다.

그렇게 따지면 인간들도 창조를 통한 성장과 성숙을 하지 않습니까? 온갖 물건들을 만들어내고 또 자식을 낳는 것도 창조의 한 방식이지 않습니까?

그렇지! 바로 그거다. 너희가 애초에 신이었고 신이 아닌 적이 한 번도 없었다는 것은 그 때문이다. 너희 또한 나름의 창조의 방식을 통해 성장하고 성숙한다. 비록 스케일이 다를 뿐, 모든 존재는 자기 수준의 창조의 게임을 즐기면서 성장해 나가고 있다.

그렇게 성장해 나가다 보면 너희도 결국은 우주적 스케일의 창조게임을 즐기는 신의 반열에까지 도달하게 된다. 너희의 방식은 곧 신의 방식이다.

그렇다면 인간이 신의 반열에까지 도달하는 중간과정이나 단계가 있습니까?

다시 한 번 얘기하지만, 너희는 곧 신이고 신이 아닌 적은 한 번도 없다. 그러나 내가 손톱의 비유를 통해 말했듯이, 너희가 어떤 관점을 가지느냐에 따른 단계는 존재한다. 손톱의 관점, 손가락의 관점, 그리고 팔을 거쳐 몸의 관점에 머무느냐에 따른 단계는 있다. 하지만 손톱도 손가락도 팔도 모두 몸의 일부라는 점에서 그 모두는 몸에 속한다.

그런 의미로 너희가 신의 반열에 이르게 되는 과정을 비유를 들어 말해주기로 하마. 내가 이렇게 자주 비유를 통해 말하는 이유는, 비유가 아니면 그것들은 설명하기 힘들기 때문이다.

비유란 공통의 경험을 통해 이해를 돕는 방식이다. 너희가 한 번도 먹어 보지 못한 과일을 내가 먹었을 때 그 맛을 너희에게 설명하려면, 난 너희가 먹어 본 과일의 예를 들 수밖에 없는 이치와 같다. 그러나 비유는 한마디로 달을 가리키는 손가락일 뿐이니 손가락의 함정에 갇히지 않길 바란다.

그리고 덧붙여 말하자면, 지금 우리가 사용하는 말과 언어는 불완전하지만 불가피하다. 이 말은, 언어의 영역을 벗어난 차원을 묘사함에 있어 언어는 불완전한 도구이지만 그럼에도 불구하고 언어 외엔 그것을 설명할 도구가 없다는 뜻이다. 그러니 비유와 언어의 함정에 빠지지 말고 그것이 의미하는 게 무엇인지 정확히 간파하는 통찰력을 가지길 바란다.

잘 알겠습니다. 어서 말씀해 주세요.

이 우주엔 위계질서가 있는데, 이 위계질서는 어떤 형태의 계급구조를 뜻한다. 그러나 여기서 말하는 계급은 누구에게서 부여받은 계급장의 개념이 아닌, 나 스스로의 성장과 성숙을 통해 자연스럽게 드러나는 내 의식의 수준을 뜻한다. 그러므로 그 계급은 나의 성장과 성숙의 지표라 할 수 있으며 내가 성장하고 성숙해 가는 의식의 단계라 할 수 있다. 한마디로 너희가 앞으로 나아가게 될 정규코스인 것이다.

너희의 이해를 돕기 위해 이것을 군대의 계급으로 비유를 들겠지만, 사실상 이 얘기는 너희의 이해수준을 넘어선 영역임을 미리 말해둔다.

내가 말하는 계급은 의식의 스테이지를 말한다. 스테이지란 표현을 쓴 이유는, 어떤 의식의 단계가 아닌 현재 내 의식이 머물고 있는 상태를 표현하는데 스테이지란 말이 적절하기 때문이다

현재 인류의 대부분이 머물고 있는 의식의 스테이지를 군대의 계급으로 표현하면 사병이다. 소울에이지에서 언급하는 여러 단계의 의식차원처럼 사병의 단계에서도 이등병, 일등병, 상병, 병장을 거쳐 부사관에 이르기까지 다양한 의식의 스테이지가 존재한다. 각자의 성장과 성숙의 척도에 따라 스테이지를 한 단계 나아가는데 수백, 수천 번의 환생을 거치는 경우도 있고 훨씬 더 적은 환생을 거칠 수도 있다.

사병 수준에서의 오랜 환생을 통해 육체와 물질경험을 통한 성장과 성숙의 여정을 끝내고 비로소 윤회의 굴레로부터 자유를 얻은 사람의 계급은 소위이다.

소위는 장교로서 첫걸음을 내딛는 단계이다. 물질의 욕구와 육체의 욕망에 빠져 유구한 세월 윤회와 환생을 거듭한 사람 중에서 철두철미한 구도 정신으로 진리를 찾고 지혜를 찾아 비로소 새로운 경험을 할 자격이 부여된 사람들이 일반적인 소위의 계급이다.

이들은 아직은 장교생활이 익숙하지 않아 사병들의 삶에 휩쓸릴 때도 있지만, 장교의 삶이 무엇인지 알기에 더는 사병들과 섞이지 않는다. 세상으로 탈영하여도 언젠가는 반드시 귀대하게 된다.

그리고 중위는 이제 장교로서 철이 들어 지휘관의 위치와 임무를 부여받게 된 존재들이다. 세상이라고 하는 일선에 투입돼 지휘관, 즉 스승의 길을 가게 된다. 고급과정을 이수하기 위해 물질계(지구)를 떠나는 경우도 있고, 물질계에 남아서 실전을 통한 경험을 쌓을 수도 있지만, 그 행로는 본인의 선택에 달려있다.

소위나 중위들이 비교적 세상에 잘 알려지지 않은 반면, 세상에 큰 정신적 흐름을 일으킨 존재들의 계급은 대위이다. 그들은 깨달음을 얻은 스승, 현자라고 불리며 역사 속에 등장해 왔으며, 근대에 이르러서도 구루라고 불리는 많은 영적 스승들이 이에 해당한다.

그리고 아주 특별한 경우에 소령이 직접 세상에 스승으로 오기도 한다. 소령은 '나'라는 개체성을 유지한 채 지구에 머물며 가르침을 펼 수 있는 마지막 단계의 계급이다. 소령은 주로 한 행성에 머물지 않고 다른 우주, 다른 행성에서까지 활동하는, 깨달음과 지혜가 궁극에 달한 존재이다. 영적인 에너지가 필요한 행성을 찾아다니며 성장과 성숙의 빛을 뿌려준다.

그리고 중령부터는 '나'라는 개체성을 가지지 않는다. 이들은 인류에 대한 희생과 봉사의 길을 걷고자 자신의 개성을 완전히 융해시킨, 위대한 사랑과 지혜의 화신들이다. 자신의 아바타적인 성향, 세속적인 가치관 그 모두를 헌신을 위해 포기한 분들이다.

그분들은 부분의식이 아닌 전체의식을 사용하며 자아가 아닌 신아神我의 상태에 있다. 그들은 비록 많은 분이 있다 하더라도 그것은 인간적인 개성의 수가 아닌, 한 분 한 분이 신의 현현이다. 그들은 특수 임무수행을 위해 잠시 한 행성에 머물지만, 그 임무가 끝나면 다른 행성, 다른 차원의 우주로 보직을 바꾼다.

현재 지구엔 지구행성 차원의 의식의 진화를 관장하는 한 분의 고도의 지성체가 있는데 이분에게는 두 분의 보좌관이 있다. 이 보좌관들의 계급은 대령이다. 이분들은 동양에서는 지장보살, 서양에서는 멜기세덱이라 불리는 분들로, 오랜 세월 현 인류에 남다른 애정을 가지고 인류를 돌보고 계신 분들이다.

이분들은 어떤 말로도 묘사하기 힘든 광휘를 누릴 수 있는 자격을 보류한 채, 현 인류의 진화주기가 끝나는 마지막 순간까지 인류와 함께하기를 발원한 분들이다. 화신불化身佛이라 함은 바로 이분들을 지칭해서 유래된 말이다. 이분들은 중령들과 함께 지금도 인류의 영적 진화를 위해 힘쓰고 있다.

각 행성에는 그 행성의 진화를 총괄하는 총사령관이 한 분씩 있는데, 그들의 계급은 주로 중령이나 대령이다. 그러나 유달리 태양계의 몇몇 행성의 총사령관은 원스타가 맡고 있는데, 현재 지구의 총사령관의 계급이 원스타이다.

신비학에서는 이분을 영왕靈王이라 지칭하는데, 영왕이라 불리는 이분은 지구에서 가장 높은 의식의 진화를 이룬 존재이다. 이분은 지구인류의 진화주기가 시작된 이래 수백만 년 동안 물질계의 파동에 자신을 고정하고 있는 숭고한 존재이다.

해가 있어 세상을 밝게 비추고 모든 만물을 생성시키듯, 완벽한 의식의 조화를 갖춘 존재가 물질계에 머문다는 것은 대단히 중요한 일이다. 스승이 육신으로 나투어야만(현현해야만) 육신을 가진 인간들에게 가르침을 직접 전할 수 있듯이, 이분이 물질계에 임재하고 있기에 인간과 더불어 모든 물질계의 형태들이 이분으로부터 조화와 진화의 감화를 받고 있다.

그리고 우리가 흔히 '하느님'이라 생각할 수 있는, 존재 우주의 절대자라 할 수 있는 분이 계시다. 이분은 우주의 전 은하계를 주관하고 있는 분이며, 이분이 바로 '신'의 어원이 된 분이다. 현재 모든 물질적, 정신적, 영적 세계가 이분의 오라에 둘러싸여 있고, 이분의 숨결이 온 우주에 퍼져있다. 이분은 진정 하느님이며 그리고 전지하고 전능하다.

정말 어마어마하군요. 입이 다물어지지 않습니다. 스승님의 말처럼 우린 지금 그야말로 첫걸음의 단계에 서 있군요.

그렇다. 너희는 아직 알아야 할 것이 많고 배워야 할 것이 많다. 새로운 세계에 대한 정보와 지식에 흥미진진함도 느끼겠지만, 다소 난해하고 신비한 내용으로 인해, 이러한 영적인 지식과 지혜는 게으른 사람들의 단순한 사고에 의해 비현실적이라고 치부될 수도 있을 것이다. 하지만 이제 이러한 영적인 지식과 지혜를 너희가 반드시 찾아야 하고 배워야 하며 알아야 할 시기가 도래했다.

밤하늘에 떠 있는 저 많은 별은 그저 우리에게 보기 좋은 인테리어로 존재하는 것이 아니다. 그러나 대부분의 사람은 그것에 대해 눈에 보이는 광경 그 이상은 알려 하지도 않고 그에 대한 깊은 생각도 쉽게 포기해 버린다. 하지만 영혼의 세계를 포함한 우주와 신비의 세계는 그것을 알고 찾으려 진정으로 노력하는 이에겐 반드시 자신의 참모습을 드러낸다.

아인슈타인은 "신은 주사위 놀이를 하지 않는다."는 말을 했다. 자신이 알고 있는 한 우주의 법칙은 결코 비합리적이지 않고 비논리적이지 않고 무질서하지 않다고 했다. 그는 자신은 비록 우주를 이해하지 못했지만 우주는 이해 가능하다고 했고, 자신은 비록 신을 알지 못했지만 신은 알 수 있을 것이라고 했다. 자신은 하지 못했지만, 할 수 있다는 가능성을 제기한 그는 진정 위대한 과학자였다.

아인슈타인 같은 위대한 과학자들도 제대로 알지 못한 우주의 신비를 우리가 어떻게 제대로 알고 이해할 수 있습니까?

그래서 내가 이제 때가 되었다고 하는 것이다. 어린아이들은 그저 아무 생각 없이 뛰놀고 웃고 울고 싸우고 다치고 한다. 어린아이의 입장에서는 그들의 시간 속에서 당연히 그것이 전부로 인식될 수밖에 없다. 아직 어리기 때문이다.

그들은 사회와 경제와 정치조직 등 어른들의 세계에 대해서는 관심 밖이다. 우선 노느라고 정신이 없기 때문이다. 하지만 그들은 어른들이 가꾸어 놓은 터전 위에서 뛰어노는 것이며 그 터전을 발판으로 어른으로 성장해 나간다.

지금까지의 인류는 세속의 가치와 세속의 욕망에 파묻혀 정신없이 뛰어노는 어린아이들과 같았다. 그러므로 이런 어린아이들에게 지구의 정신적, 영적 체계에 대해 이야기해 준다는 것은 사실 아무런 의미가 없었다.

그들은 알려 하지 않았을뿐더러 그들의 관심 밖이었기 때문이다. 하지만 이제 인류는 그것을 알아야 할 때가 왔다. 인류는 이제 유아적인 사고방식과 생활방식에서 탈피하여 어른들의 세계에 눈을 떠야 하는 시점에 와 있기 때문이다.

그렇군요. 조금 전 멜기세덱에 대해 말씀해 주셨는데, 그분에 대해 좀 더 말씀해 주실 수 있습니까? 저도 예전에 성경을 읽으면서 그분에 대해 무척 궁금했었습니다. 무척 대단한 분으로 묘사되어 있지만, 성경에서는 그분에 대한 언급이 거의 없더군요.

그분은 신의 화신이며 지혜의 화신이며 자비의 화신이다. 그분은 부처님과 예수님께서 동시에 언급하신 유일한 분이며, 그래서 그분에 관한 이야기는 불경과 성경에 동시에 기록되어 있다.

부처님은 그분을 일컬어 지장보살이라 하셨고, 예수님은 그분을 영원한 신의 사제라고 말씀하셨다. 사도 바울은 그분을 "생애의 시초도 없고 생명의 끝남도 없다. 아버지도 없고 어머니도 없으며 영원히 살아있다. 그분은 영원한 하느님의 사제이다."라고 했다.

고대 유대민족은 상당히 미개한 원시종족이었고 부족 간의 끊임없는 분쟁이 있었다. 구약의 아브라함은 어느 정도의 리더십으로 부족장의 노릇을 했고, 이러한 분쟁이 일어나 전쟁을 치르고 돌아가는 길에 그분을 처음 만나게 된다.

당시 멜기세덱께서 아브라함에게 전수했던 가르침이 후세에 '카발라'라고 하는 유태교 신비주의의 기초가 된 것이며, 또한 멜기세덱께서는 22개의 별자리를 기초로 히브리 알파벳을 창시하여 유대민족에게 전해주셨다.

그렇게 대단한 분인데 왜 성경에는 그분에 대한 기록이 거의 없나요?

성서에 그분에 대한 자세한 기록이 없는 이유는, 그분이 고대 이스라엘 민족의 혈통이 아니었기 때문이다. 그래서 가문과 혈통을 중시하는 유대의 제사장들은 열등감에 그분의 중요한 기록을 성서에서 모두 지워버렸다.

그분은 인류에게 최초로 출현하신 빛의 스승이며, 지구 인류의 진화를 돕고 그 진화의 마무리가 끝날 때까지 지구에 남아 있기를 발원한 생명과 빛의 존재이다. 불교에서 모든 중생을 다 구제할 때까지 성불을 미루겠다던 지장보살님이 바로 그분이다.

그분은 앞으로 도래하게 될 빛의 시대에 지구에 머물며 인류를 돕기 위해 헌신하기를 자처하신 분이다. 그분과 같은 신의 화신들은 창조의 근원에 남아 계신 분도 있고 다른 은하계에 계신 분도 있지만, 오직 이분만이 가장 열악한 태양계의 지구에 남아 있기를 원하셨다.

그럼 예수님은 어떤 분이신가요?

예수님에 대해 말하기 위해선 너에게 또 복잡하고 신비한 이야기를 할 수밖에 없다.

지구에는 현재 정신적인 어른들로 구성된 위원회 형태의 영적 정부가 존재한다. 이들이 존재하는 이유와 하는 일은 말 그대로 인류의 성장과 성숙의 터전이 되는 지구에서 인류의 진화를 돕기 위함이다. 더 알고자, 더 찾고자 하는 이들에게 그들이 원하는 정보를 제공해 주기 위함이다.

지구의 특정한 물질적인 장소에서 육체를 가지고 이런 업무를 보고 있는 스승들의 수는 144명이며, 그들 중에 12명이 이끄는 위원회가 있고, 한 분의 위원장이 있다. 그렇지만 이분들도 보통 인류와 똑같이 수많은 윤회와 환생을 거치며 부단한 자신에 대한 성찰과 통찰로 테오시스, 즉 신아일체경이라는 완벽한 자각을 이룬 분들이다.

이들은 전지전능하다. 하지만 이들이 처음부터 전지전능했던 것은 아니다. 이들은 지금의 전지전능을 위해 오랫동안 노력해 왔고 그 노력의 결실을 맺은 분들이다. 이들은 위대한 성취를 이루었다는 면에서 인류의 귀감이 되고 존경받아 마땅하지만, 그렇다고 해서 경외의 대상이 되거나 신앙의 대상이 될 필요는 없다.

중요한 점은 이들의 전지전능이 아니라, 끊임없이 성장하고 성숙하고자 했던 그들의 의지와 노력이었다는 점이다. 지금 우리가 함께 이야기하고 배우고 노력하는 그것에 의해 그들 역시 위대한 성취를 이룬 것이다.

현재 지구와 같은 진화의 여정, 즉 비슷한 진화의 커리큘럼을 따르고 있는 행성은 셀 수 없이 많으며, 그 행성마다 이와 같은 정신적 스승들의 영적 정부가 있다. 그리고 전갈자리에서 가장 밝은 별인 안타레스에 우주의 스승들이 이끄는 위원회가 있고, 그곳에 많은 수의 앞서간 우주의 스승들이 있다. 이분들 중 몇 분이 멀리 태양계와 지구까지 방문하였는데, 그중의 한 분이 이천 년 전 팔레스타인에 출현했던 예수님이다.

이런 이야기를 들으면 너희는 아마 동화에서나 나올 법한 별나라, 달나라 이야기로 들리겠지만, 지금은 그렇게 생각해도 좋다.

신비롭게 들리지만 어쩌면 충분히 가능한 사실이라고도 생각됩니다. 우리 지구 또한 나라별로 정부조직이 있고 또 대륙별 조직이 있으며 나아가 UN 같은 범지구적 조직이 있습니다. 만약 인류의 인식범위가 지구를 넘어 우주로까지 확대된다면 그러한 우주적 차원의 조직이 존재하지 말란 법은 없겠죠.

그렇다. 우리는 과거에 흑백 TV를 보고 살았다. 수신기가 흑백만을 구분할 수 있어 화면에 비친 영상이 흑백 두 가지에 명암만 조금씩 달라 보였지만, 이제는 수신기가 발달하여 완벽히 칼라를 재현하는 단계에 와 있다.

이처럼 우주의 모든 정보를 제대로 이해하려면 너희가 흑백 수신기에서 칼라 수신기로 바뀌어야만 한다. 흑백 수신기의 상태에서는 아무리 다양하고 고차원적인 정보의 전송이 와도 수신기 자체의 한계성에 의해 흑백으로밖에 처리되지 않기 때문이다.

그러니 현재 너희의 의식상태에서는 심오한 우주의 구조와 법칙에 관해 말해 주어도 너희는 그것을 제대로 받아들일 수 없다. 하지만 이제 인류는 수신기의 변화를 꾀하고 있다. 흑백에서 칼라 수신기로의 인식전환을 하고 있다.

차원상승, 포톤벨트光子帶

스승님께서는 자주 변화의 시기를 말씀하십니다. 그렇다면 인류는 지금 큰 변화의 시기를 맞이하고 있다는 말입니까? 혹시 뉴에이지에서 말하는 차원상승이나 포톤벨트를 얘기하는 것인가요?

내가 앞서 얘기했듯이, 차원이란 별도로 존재하는 것이 아니라 단지 내가 차원을 구별하고 규정하고 있을 뿐이다. 철학자 칸트는 이렇게 말했다. "주관이 객관을 규정한다. 객관이 변화하는 것이 아니라 주관이 변화하는 것에 의해 객관도 변화한다."

이 말은 부처님 가르침의 핵심주제인 '모든 것이 내 마음먹기에 달려있다.'는 일체유심조의 진리와 일맥상통하는 내용이다.

사람들은 차원을 두고 현재의 사람들이 미처 감지하지 못하고 있는, 어떤 형이상학적이고 추상적인 세계로 그려내고 있지만, 실제로 차원이란 단지 생각의 범위일 뿐이다. 왜냐하면, 모든 것이 생각에서 나오기 때문이다. 이는 비단 물질로 된 그 어떤 것뿐 아니라 영적, 정신적 자질도 포함된다. 그러므로 차원이란 나와 상대적으로 존재하는 객관적인 실재의 세계라기보다는 순전히 나의 관점에 의해 창조되는 주관적인 실재의 세계이다.

비유를 들어 설명하자면, 현재 우리가 살고 있는 세계를 3차원으로 가정했을 때, 4·5·6·7·8·9차원의 세계는 3차원 밖의 다른 위치나 공간, 영역이 아닌, 바로 우리가 살고 있는 3차원 세계 안에 동시에 존재하고 있다. 4·5·6·7·8·9라는 숫자가 존재하는 이유는, 똑같은 3차원 안에 있어도 보는 관점, 즉 생각의 관점에 의해 3차원의 세계조차도 다 다르게 보일 수 있고 경험될 수 있기 때문이다.

우리가 현미경을 통해 미시적인 사물을 관찰할 때, 적게는 백 분의 일부터 많게는 백만, 천만 분의 일에 이르기까지 아주 미세한 부분까지도 들여다볼 수 있다. 우리는 이렇게 한 사물을 놓고도 배율에 따라 사물을 다르게 볼 수 있다. 그래서 너희는 현미경의 배율에 따라 다르게 보이는 것에 대하여 3차원 혹은 4차원으로 구분 지어 이름을 붙이는 것이다. 그러므로 내 의식이 성장하여 3차원적인 나를 관찰할 수 있는 관점에 도달하면 나는 현재 4차원에 있다고 말할 수 있다.

4차원에 있는 그때의 나는 관찰자의 위치에서 3차원의 세계를 한눈에 볼 수 있으며, 3차원적인 사고방식에서는 절대 풀리지 않았고 풀릴 수 없었던 모든 의문과 장애와 장벽들을 거시적인 관점에서 간단히 허물어 버릴 수 있다. 이런 식으로 내 의식의 도약과 성장에 비례하여 4차원, 5차원이라는 말과 6, 7, 8, 9라는 차원 또한 마음대로 규정할 수 있다.

그러니 중요한 것은 몇 차원이란 숫자가 아니라, 내 의식의 도약을 통해 완벽한 이해의 시각으로 세상을 볼 수 있는 안목을 지니느냐가 중요한 것이다. 다시 말하지만, 객관에 의해 주관이 변하는 것이 아니다. 달리 말하면 세상이 나를 변화시켜 주지 않는다는 것이다.

그러니 차원상승이 된다고 해서 모든 사람의 의식이 상승하는 것이 결코 아니다. 차원상승은 개인 자신의 문제이며 개인 자신의 몫이다. 오로지 나 자신에게 달린 것이다. 세상이 먼저 변하고 사람들이 변하는 법은 결코 있을 수 없다. 그러므로 사람들이 변하지 않는 한 세상은 절대 변하지 않을 것이다.

많은 사람이 광자대가 다가온다고 하고 외계와의 조우가 일어날 것이라고 말한다. 그리고 차원의 상승이 일어날 것이라고 말하고 지구의 변혁이 시작된다고 말한다. 그러나 그보다 앞서 내가 먼저 변해야 한다. 내가 변하는 그 순간 바로 차원의 변화는 내 안에서 먼저 이루어진다.

그렇다면 뉴에이지에서 말하는 차원상승이나 포톤벨트는 한마디로 허무맹랑한 주장인가요?

그렇지는 않다. 자연의 낮과 밤이 있듯이 우주에도 이와는 조금 개념이 다르지만 낮과 밤이 존재한다. 여기서 다른 개념이라고 하는 것은, 세상의 낮과 밤이 태양에 의한 물질적인 어둠과 밝음을 뜻하는 반면, 우주의 낮과 밤은 문명적이고 정신적인 것을 말하는 것이다. 예를 들어, 지구에는 문명과 단절된 수많은 오지와 원주민들이 있는데 그들이 문명과 조우하게 될 때, 그것은 현실의 낮과 밤과는 비교가 안 될 만큼 충격적인 것이 될 것이다.

포톤벨트, 즉 광자대는 우주의 오지라 할 수 있는 태양계 안의 지구인류에게 우주의 개화된 문명이 다가오고 있는 시기를 말한다. 즉, 고도로 진화된 우주의 문명에 지구가 노출되는 시점이라고 할 수 있다. 그때가 되면 종교적, 역사적, 과학적 변화가 충격이 되어 사람들을 강타하고, 맹목적이고 맹신적인 종교와 신앙을 가진 사람들에게는 정신적인 공황이 올 수도 있다. 더불어 원주민이 문명인을 만났을 때와 마찬가지로 공포도 엄습할 것이다.

그렇군요. 그럼 우리는 그것에 대비해 어떤 준비를 해야 합니까?

그러한 시기가 오는 것은 필연이 되겠지만, 너희가 우주 만물과 영적인 지식과 지혜에 열려있는 마음을 가지고 있다면 그것은 흔히 종교에서 말하는 심판의 장이 아닌 축제의 장이 될 것이다.

지금은 안타깝게도 이러한 뉴에이지의 분야가 잘 알려져 있지 않지만, 우주도 자연도 인간의 마음도 한층 진화하고 진보하는 시기이므로 그시기에 발생할 문화충격의 강도는 한층 완화될 것이다.

그렇다면 포톤벨트는 구체적으로 어떤 것입니까?

앞서 얘기했듯이 언어는 불완전하지만 불가피하다. 포톤벨트를 설명하기 위해선 다시 언어의 영역을 벗어난 차원을 얘기할 수밖에 없다. 그러니 너도 그것을 감안해 들어주길 바란다.

신은 창조를 통한 경험의 방식으로 자신의 신성을 확장해 나간다고 했다. 그에 따라 최초의 창조성인 신은 창조의 영역을 만들어 내었고, 우주의 조화와 창조의 균형을 유지하기 위해 자신의 지성인 우주지성을 가동하였다.

우주지성은 로고스 또는 도道라고 하는 창조주의 심적 측면과 '순수한 빛'이란 창조주의 형태적 측면을 통해 창조의 영역을 넓혀가기 시작했는데, 바로 이 '순수한 빛'이 광자대의 영적 개념이 된 것이다. 만일 이러한 우주지성이 없었다면 우주는 혼돈과 암흑의 상태로 방치되었을 것이다.

이 순수의 결정체인 빛은 지금도 어둠의 영역과 부조화의 우주에 자신의 빛을 투사하여 부조화와 어둠의 영역을 조화와 밝음의 영역으로 치환시켜 나가고 있다. 마치 등대의 불빛이 컴컴한 바다를 밝혀주듯 이 빛은 360도 전 방향으로 퍼져 나가고 있지만, 은하계와 은하계 간의 다차원 나선 구조에 의해 현상세계의 등대처럼 제한된 불빛의 영역을 갖게 된 것이다. 그래서 마치 배의 좌표에 의해 등댓불이 보이는 것처럼 여러 은하계도 광자대의 좌표 영역 안으로 들어가야 그 영향을 받게 되는 것이다.

영적인 광자대는 우주지성, 로고스, 빛의 속성을 띠는 관계로 부조화와 어둠의 영역에 있는 모든 부정적인 개념들을 사라지게 한다. 그것은 마치 영적인 대낮과 같아, 어둠에 존재했던 모든 장애가 그 실체를 드러내고 사라져 버리기에 영적인 밤의 기간에 인간을 몽매하게 했던 여러 가지 부정적인 상념이나 감정들도 함께 사라지게 할 것이다. 더욱더 흥미로운 사실은, 광자대에 의해 물질과 정신을 이루는 우주자연계의 이치가 명백히 밝혀짐에 따라 물질적인 차원도 영적인 차원과 함께 동시에 상승한다는 것이다.

과학에서는 하나의 음전자Electron와 하나의 양전자Positron가 충돌하여 두 개의 광자Photon가 생겨난다고 한다. 하지만 광자는 질량이 없고 질량이 없으므로 전기적인 성질 또한 없다. 그러기에 광자의 수명은 무한이 되고, 더욱 중요한 것은, 광자에도 의식이 있다는 사실이다. 무한한 수명을 가지고 있는 의식, 즉 '창조주의 의식' 말이다.

마찬가지로 우리 인간의 육체는 세포로 이루어져 있고 세포 속에는 분자가 있으며 분자 속에는 전자들이 있다. 이 전자들은 무엇으로 구성되어 있을까? 그것은 '광자' 즉, 빛이며 신의 의식으로 되어 있다.

그러기에 광자대에 의해 물질과 정신의 완벽한 조화가 일어나 물질과 정신의 구분 또한 무의미해진다. 즉, 하나의 '광자체'로 변모하게 되는 것이고, 정신이 물질을 완벽히 이해함에 따라 너희는 물질을 완벽히 제어하고 통제하며 에너지로 변환하는 데 아무런 문제가 없게 될 것이다.

오래전 지구 상에 존재했던 고대문명들은 이런 식으로 물질을 완벽히 제어할 수 있는 과학문명을 가지고 있었고, 이를 통해 현재의 과학기술과는 비교할 수 없는 고도로 진화된 문명을 누렸다. 이집트의 피라미드와 같은 놀라운 고대 건축물들은 이러한 문명과 기술을 기초로 만들어진 것이다.

정말 놀랍군요. 그러니까 광자대는 빛의 형태로 드러난 신의 지성이라고 할 수 있겠군요. 그래서 그 빛에 노출된 존재 또한 덩달아 지성적 존재로 변모해 나가는 것이고요.

아주 잘 이해했구나.

존재형태는 필연적으로 음과 양의 양극성을 띠며 그 양극성의 조화를 통해 진화한다. 의식과 물질, 영혼과 육체, 입자와 반입자……. 이처럼 드러난 물질적 차원의 빛이 있으면 영적 차원의 빛도 존재한다. 그것이 신의 지성이자 신의 빛인 광자대이다.

우주지성의 순수한 빛이 어둠과 혼돈의 영역을 점차 조화와 밝음의 영역으로 변화시켜 나가는 것은 마치 우리 인간들이 황무지를 개간하여 경작지를 만들고 도시를 만들어 나가는 것과 같은 이치라고 보면 되겠군요.

그것뿐이겠느냐. 너희는 소리와 색채에 조화와 질서를 입혀 음악과 미술을 즐기고, 어린아이들조차도 어지럽게 널려있는 레고 조각에 나름의 지성을 더해 근사한 형태를 만들어 낸다. 이렇게 지성은 무질서의 영역을 질서의 영역으로 점차 치환시켜 나가면서 창조의 경험이란 유희를 즐기고 있다. 자연의 사물들에겐 너희의 지성이 바로 광자대인 것이다.
이렇듯 창조와 경험을 통한 성장과 성숙은 우주의 특정한 곳에서 일어나는 것이 아니라 너희 일상의 삶 속에서 항상 이루어지고 있다.

차원의 변화는 내 안에서 이루어지는 개인적인 사건이라고 하셨는데, 그렇다면 광자대에 의한 집단적인 변화는 어떻게 받아들여야 할까요?

최근 몇십 년 동안 인류는 비약적으로 발전했다. 과학기술과 정보통신의 혁명으로 너희는 컴퓨터와 TV 앞에 앉아서 세상의 돌아가는 일들을 다 알 수 있게 되었고, 지구의 반대편에 있는 친구와 실시간으로 얼굴을 마주하며 대화를 나눌 수도 있게 되었다.

인류가 이렇듯 단기간에 과거 몇 백 년을 합친 것보다 더 큰 의식의 성장을 이루었다는 것은 지구가 이미 광자대의 영역에 진입했다는 것을 뜻하며, 그에 따라 대다수 인류는 알게 모르게 매우 급속한 의식의 진화를 이루어 가고 있다.

하지만 이러한 시기임에도 불구하고 여전히 전기도 들어오지 않는 곳에 살며 수백 년 전의 삶의 방식을 답습하고 있는 인류도 있다. 광자대가 도래했다 하더라도 여전히 과거의 사고방식과 신념을 고수하며 새로운 경험을 거부하는 사람들에겐 광자대조차도 아무런 의미가 없을뿐더러 의식의 변화도 기대할 수 없다.

반대로 광자대가 멀고 멀었던 시절에도 빛을 따라 열심히 신비의 문을 두드렸던 인류의 수많은 스승이 있었다. 그러한 분들 중에는 이미 자신의 몸을 광자체로 변모시켜 선가에서 말하는 백일승천하신 분도 있고, 인류에 대한 사랑과 동정심이 넘쳐 광자체를 포기한 채 중생구제라는 명제 아래 고행의 길을 마다치 않는 분들도 있다. 그러니 중요한 것은 광자대라고 하는 시기가 아니라 지금 이 순간의 나의 노력이 소중한 것이다.

우주의 탄생, 천지창조

신은 창조를 통해 신성을 확장한다고 하셨습니다. 그렇다면 과학적 이슈의 하나인 창조론과 진화론 중에서 창조론이 맞는 것입니까? 만약 그렇다면 우주는 어떻게 창조되었습니까?

그것은 마치 어린아이가 부모에게 아기가 어떻게 태어나는지 묻는 것과 같구나. 만약 그런 상황이라면 넌 어떻게 대답할까?

음……. 애매하고 난감해서 대충 얼버무리고 말 것 같은데요.

지금 내 심정도 그러하다.

충분히 이해합니다. 그것이야말로 한참이나 언어의 영역을 벗어난 주제죠. 어린아이의 수준에서 정자와 난자의 결합, 그리고 세포분열 같은 복잡한 개념을 어찌 이해할 수 있겠습니까. 하지만 스승님께서 말씀하셨다시피 인류는 이제 어린아이에서 어른의 의식으로 도약할 때가 되었으니, 저희의 이해수준에 맞추어 설명해 주시길 부탁합니다.

좋다. 비록 너희가 다소 알아듣기 힘들고 이해하기 어렵더라도 최대한 너희의 이해수준에 맞추어 우주창조의 메커니즘에 대해 설명해 주기로 하마.

감사합니다.

먼저 알아야 할 것은, 모든 존재하는 사물은 결국 의식의 산물이라는 것이다. 무언가가 존재한다는 것은 이미 그 전에 그것을 존재케 하려는 어떤 의지가 있었음을 뜻한다.
그러나 의식과 물질은 둘이 아니다. 의식의 가장 저급한 형태가 물질이고 물질의 가장 정묘한 상태가 의식이다. 따라서 의식이 물질을 창조한다는 표현보다는 의식이 점차 자신의 파동을 물질의 수준까지 낮춘다는 표현이 적절할 것이다.

잘 알겠습니다.

"태초에 무엇이 있었다."라고 말하면, 너희는 틀림없이 태초 이전에는 무엇이 있었는가에 대한 의문을 갖게 된다. 태초는 시작을 뜻한다. 태초 이전이란 시작 이전이기 때문에 당연히 아무것도 없다. 그러므로 시작 이전에 무엇이 있었는가에 대한 의문은 단지 너희 생각의 논리일 뿐이다. 그러한 것에 의문을 갖는다는 것 자체가 이미 태초가 시작된 다음의 이야기이다. 태초라는 시작이 있었기 때문에 차후에 그것에 대해서 이렇게 저렇게 이야기할 수 있는 것이다.

아무튼, 최초에 절대적 무無가 자신을 스스로 의식해 '없음'을 만들어내었다. 즉, 실존지향의 비실존의 상태에서 드디어 실존의 형태를 취한 것이다. 좀 더 과학적으로 표현하자면, 대공허大空虛에서 자체의 관성이 생겨 공허의 압박운동이 일어났고, 그것이 계속 가해져 하나의 점을 형성하게 되었다.

이 점이 대공허로부터 생긴 최초의 움직임이며 최초의 운동이다. 이 점은 어떠한 형태도 없고 의식도 없으며 존재를 갖지 않은, 그저 무의 관성에서 나온 운동이었다.

이 최초의 운동이 시작됨에 따라 그 운동은 창조의 장을 만들어 내었고, 이 운동이 확장하기 시작함과 동시에 거기에는 별도의 특성이 생겨났는데, 그 특성은 바로 '조화'이다. 이 조화성을 띤 운동은 어떻게 보면 부조화라는 수면상태에서 깬 것이라고 할 수 있다.

이로 인해 창조의 영역이 만들어지게 되었고, 이 운동은 곧이어 음과 양이라는 상대성을 갖게 되었으며, 이 상대성을 기점으로 동양학에서 말하는 다섯 가지 운동五行을 포함한 다양한 움직임이 파생되었다.

그리고 이때 비로소 신의 의식이 깃들게 되었다. 그것은 인간의 의식이 아닌 모든 창조를 이루어 내는 신의 의식이었다. 이 위대한 빛이 자기 자신 안에서 스스로를 자각함에 따라 조화와 질서를 최초의 속성으로 인식하게 된 것이다.

이러한 완벽한 조화를 갖춘 신성은 그 본질에 의해 창조의 바깥 영역인 부조화와 무질서의 영역을 조화의 영역으로 바꾸어 나가기 원했다. 그러나 여기에서 문제가 생겨났다. 완전한 조화를 갖춘 신성이 부조화와 무질서의 영역으로 직접 접근하자 부조화와 무질서는 한걸음 물러나며 그것에 대한 반발력을 갖게 된 것이다. 그 이유는 최초의 신성의 빛(조화)은 너무도 강력하여 도저히 부조화의 영역과는 물과 기름처럼 바로 섞일 수가 없었기 때문이다.

그러므로 신은 부조화를 직접 만나고 변형시키기 위해 자신을 좀 더 낮은 차원의 영역으로 확장하지 않으면 안 되었다. 그리하여 신은 우주의 순수 영계, 정신계, 감정계, 그리고 물질계로까지 창조의 과정을 거치며 신성의 파동을 낮추었다. 즉, 조화와 부조화 사이의 가교가 필요하게 된 것이다.

그러나 당시의 물질계는 지금과 같은 부조화를 띤 물질계가 아니라 상위계와 완벽한 조화를 이루는 영적, 심적, 감정적 물질계였다. 이렇게 하여 창조의 여정은 계속되어 갔다.

하지만 창조의 과정은 완전성을 띤 것이 아닌, 불완전성을 가지고 있으면서 완전을 지향한다. 무엇이 완전하다고 하는 것은 더 이상의 변화와 창조가 정지된 상태가 아니다. 그러므로 신도 창조라는 불완전한 경험을 통하여 성숙해 가고 있는 것이다.

이렇게 하여 최초의 순수의 빛에서 거친 물질계의 빛까지 파동을 낮추면서 최종적으로는 정신과 물질의 경계에 해당하며 모든 물질의 궁극적인 본질인 에테르가 만들어지게 되었다. 이 에테르는 모든 물질적인 것을 형성할 수 있는 자질이었는데, 이 에테르에 상위 차원의 빛의 집중이 일어나자 거기서 물질형태의 빛이 만들어지게 되었다.

이 빛은 곧 양성적인 것과 음성적인 형태로 나누어지는 성질을 갖게 되었는데, 이것이 과학에서 말하는 양전자와 음전자이다. 이 양전자와 음전자가 결합할 때 소용돌이 모양의 회전이 일어나면서 에너지를 동반한 물질이 생겨났다.

이러한 쉴 새 없는 양자의 결합에 의해 물질이 만들어졌고, 오랜 세월 그러한 작용이 반복된 끝에 결국 행성이라는 세계가 만들어졌다. 광자들의 활동은 우주공간의 수많은 행성들을 탄생시켰고, 태양계나 우리가 볼 수 있는 다른 은하계들은 이러한 광자들의 총집합이다.

그러므로 온 우주는 거미줄과 같이 광자들의 집합으로 연결되어 나름의 균형을 잡고 광대하게 움직이고 있다. 또한, 앞서 말했듯이 에테르는 강한 응축작용으로 각 행성의 중핵中核이 되었고, 이 중핵이 응고함에 따라 계속해서 그 크기가 증가하게 되었다.

그리고 이러한 중핵들이 군을 이루어 다시 합쳐졌을 때, 그에 대한 반발력이 발생하여 물이 형성되었다. 이 물은 양자들의 결합으로 형성된 분자구조의 반발력으로 만들어진, 오늘날의 물보다 훨씬 무거운 염수였다.

이 물은 별도 형식의 분자구조를 가지는데, 중수重水, 경수輕水라고도 한다. 이 두 물이 나누어졌을 때 서로의 반발력에 의해 폭발이 일어났고, 그 폭발의 소용돌이는 에테르를 밀어 제쳐 대기권을 형성하게 되었으며, 이 최초의 물의 분해에 의해 오늘날의 바닷물의 농도를 갖게 되었다.

이 상태가 완료되고 물이 응결되자 '우주선宇宙線'이라고 하는 원초의 에너지가 물의 동위원소인 중수의 원자와 분자에 진동을 발생시켜 염분과 중수와 우주선을 결합하게 하였고, 이렇게 하여 최초의 생명체인 아메바를 탄생시켰다.

이 우주선은 창조의 근원에서 방출된 빛의 원초광原初光으로서 이것에 의해 단세포인 아메바는 세포분열과 생명체로서의 성장과 확대를 거쳐 단기간에 바닷속에서 최초 어류로 진화하였다. 그로부터 각종 형태의 생물이 나타나기 시작했고, 돌연변이의 법칙에 의해 다양한 생명 형태로 확대되어 나간 것이다.

당시 우주선의 세기와 양은 지금과는 비교할 수 없이 강력한 것이어서 바다 속의 생물이 육지로 올라오기까지, 그리고 동물이 지상을 걷게 될 때까지, 생물학자들이 얘기하고 있는 천문학적인 시간은 소요되지 않았다.

그러나 거기에는 아직도 지금의 인간이라는 존재는 없었다. 지금의 인간과 비슷한 형체를 지닌 동물이 성장·발달하고는 있었지만, 그것은 아스트랄계, 에테르계, 그리고 물질계로만 이루어진 동물생명이었다. 이 선택된 동물육체에 신은 자성自性과 신성의 빛을 송과체에 접목시켜 마침내 지금의 인간이 탄생하였다.

신은 부조화를 만나기 위하여 이처럼 오랜 여정을 겪은 것이다. 물질계라는 최전선을 만들어 스스로 부조화의 영역 경계에까지 나간 것이다. 결국, 인간이란 존재는 신이 부조화와 직접 만나고 경험하며 조화를 향상하려는, 신의 물질경험을 위한 매개체임과 동시에 신 자신이다.

이러한 물질 우주의 창조는 우주의 전 영역에 걸쳐 저마다 다른 형태와 특성을 지닌 생명체들을 탄생시켰다. 때로는 인간과 비슷한 경로를 겪은 것도 있지만, 모양이나 과정 면에서 완전히 인간과 동떨어진 존재도 생겨났다. 우주는 그야말로 온갖 생명이 온갖 형식으로 존재하고 표현되며 변화하는 창조의 장이다.

정말 놀랍습니다. 이것은 그야말로 창세기의 밀레니엄 버전이라고 할 수 있겠군요. 그런데 사람들이 과연 이것을 어떻게 받아들일지 궁금합니다. 이토록 장대한 우주창조의 스토리를 보잘것없고 사소한 인간의 지성으로 어떻게 이해하고 받아들일 수 있을까요?

세상에 참으로 밝은 빛이 있어 그 빛이 온 우주를 밝히고 있지만, 사람들은 그 빛을 볼 수가 없다.

세상에 참으로 큰 소리가 있어 그 소리가 온 우주를 진동시키고 있지만, 사람들은 그 소리를 듣지 못한다.

세상에 참으로 많은 것이 있어 그 많음이 온 우주를 채우고 있지만, 사람들은 그 많음을 인식하지 못하고 있다.

세상에 참으로 빠른 것이 있어 그 빠름이 온 우주를 넘나들고 있지만, 사람들은 그 빠름을 감지하지 못하고 있다.

무슨 뜻이죠?

　사람들이 보고 듣고 느끼는 것은 항상 사소한 것들에 지나지 않는다. 사소한 것만을 보고 사소한 것만을 들으며 사소한 것만을 느낀다. 왜 그럴까? 그것은 사람들이 자신의 존재를 사소하게 생각하고 사소하게 취급하고 있기 때문이다.

　너희의 정신과 육체는 지금 사소함이라는 생각의 우물 안에 갇혀 있다. 너희는 그 안에서 보고 듣고 생각하고 느낀 것에 대해 절대적인 가치를 부여하지만, 그것은 결국 우물 안 개구리의 인식에 불과하다. 그리고 더 큰 문제는 자신들이 우물 안의 개구리로 살아가고 있다는 것조차도 알지 못한다는 것이다. 하지만 신도 우주도 그 누구도 그러한 우물을 창조한 적이 없다. 우물이란 사람들의 사소한 마음이 만들어 낸 그저 사소한 울타리에 불과하다.

　너는 인간의 지성이 보잘것없다고 했지만, 인간의 지성은 결코 보잘것없지 않다. 단지 너희 스스로 보잘것없다고 느끼고 규정할 뿐이다. 그러나 아이러니하게도 인간은 스스로 보잘것없다고 하는 그 지성의 잣대로 모든 것을 규정짓고 판단하고 심판해 왔다.

　다시 우물 안의 개구리를 말해 보기로 하자.

　이 개구리는 한 번도 우물 바깥으로 나가본 적이 없기에, 말 그대로 우물 안이 세상의 전부인 양 착각하고 있다. 그래서 개구리는 이렇게 말한다. "나는 세상을 다 알고 있다."

　어찌 보면 이 개구리가 하는 말은 진실이다. 하지만 그것은 우물 속의 진실일 뿐이다. 결코, 우물 밖의 세계를 말하고 있는 것이 아니다. 개구리가 갇혀 있는 우물은 자신의 이해의 우물을 의미한다. 결국, 우물 안의 개구리란 자신의 이해 안에 갇혀 있는 사람을 빗댄 말이다.

이해란 생각할 수 있는 범위이다. 그리고 생각의 범위는 고정된 것이 아니라 내 생각이 바뀜에 따라 언제든지 달라질 수 있다. 생각의 범위가 달라지면 그에 따른 이해의 범위도 달라진다. 언제 어느 때 너희의 생각은 바뀔지 모른다. 그러므로 현재 너희의 절대적인 이해도 얼마든지 바뀔 수 있음을 알아야 한다.

너희가 장대한 우주의 드라마를 이해하려면, 이제 자기의 생각과 이해라는 자아의 우물에서 빠져나와야 한다. 그러나 너희는 지금까지 우물을 탈출하는 것이 아니라 우물을 넓히는데 에너지를 쏟아왔다. 그러니 '자아'라는 우물 속에 스스로 갇혀있는 한, 너희는 언제까지고 자유롭지 못하고 한정되고 제한된 세계에 묶여있을 수밖에 없다. 그리고 그 우물을 탈출하는 길은, 우물은 원래부터 존재했던 것이 아니라 바로 우리의 마음이 만들어 낸 것이라는 사실을 자각하는 데 있다.

알 듯 말 듯합니다. 우물에서 빠져나오려면 우물이 우리의 마음이 만들어 낸 것이라는 사실을 자각해야 한다고 하셨는데 무슨 뜻인지 좀 더 자세히 말씀해 주시기 바랍니다.

우리의 대화가 좀 더 깊어지면 자연스럽게 그 말이 이해될 것이다. 지금은 그저 관점의 전환을 말하는 것으로 가볍게 이해하는 게 좋겠구나.

그러니까 아무리 똑똑해도 우물 속에서는 세상의 실체를 볼 수 없으니 우물 밖으로 나와야 세상의 본 모습을 제대로 볼 수 있다는 말씀이군요. 즉 우주창조의 드라마를 제대로 이해하려면 우리가 고수하고 있는 관점을 완전히 새롭게 바꾸어야 한다는 것이군요.

　그렇다. 전에도 얘기했듯이 피조물의 관점에서 어떻게 창조의 메커니즘을 이해할 수 있겠느냐. 그러나 너희는 피조물이면서 동시에 창조주이다. 따라서 너희는 얼마든지 창조주의 관점을 가질 수 있다.

　현재 너희의 몸 안에는 수백억, 수천억의 지성적인 생명체들이 살고 있다. 각 세포, 그리고 세포 속의 핵, 혈액 속의 적혈구, 백혈구 등이 그러하다. 이들의 크기는 육안으로는 볼 수도 없는 극미, 극소의 작은 크기지만 이들 개개의 의식 수준은 절대 작지 않다.

　이들 또한 나름의 의식의 수준이 있고 때에 따라 그 일부는 진화하기도 한다. 비록 인간의 눈에 보이지도 않는 미시의 세계에서 벌어지는 일들이지만, 거시적인 세계에서 사는 인간들과 하등 다를 바가 없다. 마찬가지로 우리의 지구, 우리의 태양계, 우리의 은하계가 한없이 작아만 보이는 초 거시의 세계도 당연히 존재한다.

　수없이 창조와 변화와 소멸이 반복하는 내 몸 안에서의 변화에 무덤덤한 내가 존재하듯이 수없이 창조와 변화와 소멸이 반복하는 내 몸 바깥에서의 우주변화에 무덤덤한 나도 존재한다. 그러니 너희는 어느 한 이해수준에 머물 것도 없고, 더구나 그 이해수준을 고집할 것도 없다. 고정된 관점에 머물며 생각으로 나의 이해수준을 넓혀 갈 것이 아니라 통렬한 깨우침을 통해 나의 관점을 완전히 새롭게 할 필요가 있다.

물질의 혼, 에테르

잘 알겠습니다. 그럼 본론으로 다시 돌아가서 질문하도록 하겠습니다.

정신과 물질의 경계에 에테르가 존재하며 에테르는 모든 물질의 근본적인 자질이라고 하셨는데, 에테르에 대해 자세히 설명해주시겠습니까? 과학계에서도 에테르란 존재에 대해 많은 논란이 있는 걸로 알고 있습니다.

우주는 거대한 에너지 덩어리이자 창조의 질료이다. 에너지가 그 모든 것을 존재하게 한다. 비록 나약한 육신일지라도 그 나름의 에너지에 의해 인간은 존재하고 있고, 이 에너지는 인간의 상념을 통해 들어오고 나간다. 무한한 상념을 통하여 무한한 에너지가 들어오고 나가며 신성한 상념을 통하여 신성한 에너지가 들어오고 나간다.

우리는 그림을 그릴 때 스케치를 해서 먼저 구도를 잡아 나간다. 그런 다음 윤곽을 완전히 그리고 물감을 사용하여 색상을 그 위에 칠하게 되는데, 물감을 육체라고 가정하면 스케치에 해당하는 것이 에테르체이다. 사실 용어선택에 대단히 어려움이 있지만, 우선은 이것을 '에테르체'라는 용어로 사용해보도록 하자.

이 에테르체는 영혼의 기억으로부터 모든 정보를 수신하여 육체를 구성하는 데 결정적인 역할을 한다. 에테르체는 모종의 에너지선을 통해 육체와 연결되어 있고, 이 에너지선을 통해 전기적인 형태로 두뇌에 정보를 전달해 주면 우리의 두뇌는 뇌하수체라는 기관을 통해 다시 한 번 육체에 대한 구체적인 청사진을 짜게 된다.

이렇게 짜인 청사진은 미세한 전류로 바뀌어 송과선松果腺으로 전달되고, 송과선 내에 있는 뇌사腦砂(모래알 같은 알갱이)가 응집함으로써 전류는 증폭현상을 일으켜 각 중추신경계에 다시 전달되며, 신경계통에 의해 호르몬 분비를 촉진시켜 이것이 세포의 활성화 작업을 유도한다.

다소 복잡하게 설명했지만, 간단히 말해 바로 너희의 상념이 육체에 영향을 주어 육신을 변화시킨다는 것이고, 그 상념이 육신을 변화시키는 실질적인 매개체가 에테르라는 것이다. 그러기에 너희의 생각이 바뀌면 너희의 육신도 바뀐다.

즉, 에테르는 의식과 물질의 경계 선상에 존재하는, 의식도 아니고 물질도 아니면서 동시에 의식이자 물질이며 모든 창조의 질료이자 물질의 혼이다. 신은 에테르란 질료를 통해 만물을 창조했고 너희 또한 에테르를 통해 너희 몸과 사물의 변화를 주관한다. 고대의 찬란했던 아틀란티스 문명은 이 에테르를 자유자재로 다루었기에 지금의 과학문명과는 비교할 수 없는 고도로 진화된 문명을 누렸었다.

의식이자 물질이면서 동시에 의식도 아니고 물질도 아니라는 말씀은 양자역학에서 말하는 입자, 파동의 등식과 매우 유사합니다.

그렇다. 과학자들은 물질의 근원을 밝히는데 전력을 다했다. 그렇게 해서 얻은 그들의 결론은, 물질의 궁극적 요소는 소립자인데 그것은 입자의 형태이기보다는 파동의 형태에 가깝다는 것이다. 즉 물질의 궁극적 근원은 파동이자 빛이라는 것이다.

사람이 한 생각에 집중하고 있으면 그 생각은 빛의 진동률을 가진다. 빛의 진동률을 가진다는 말은, 생각이 곧 빛의 형태로 나타난다는 말이며, 다시 말해 생각은 빛이라는 물질의 가장 근원적인 형태를 가진다는 말이다.

사람의 오라를 보면 그 사람의 생각이 일어날 때마다 빛이 발산하고 다양한 형태의 빛깔을 띠는 것을 볼 수 있다. 이 생각이 지속해서 집중될 때, 이 빛의 파동은 점점 느려지게 되고 점차 입자의 성질로 전환된다. 그리하여 일종의 염체念體라는 물질적 속성을 갖는 에테르체가 만들어지며, 이때 입자로 전환되는 에테르가 생겨나는 과정에서 전자기 단위가 형성된다. 즉, 음극과 양극을 가진 전자기장이 형성된다.

하지만 여기에서의 음극과 양극은 과학에서 말하는 단순한 마이너스 플러스의 개념이 아니다. 또한, 동양철학에서 말하는 음과 양의 개념으로도 이를 표현하기가 미진하다. 왜냐하면, 이는 아직 물질적 차원의 음극과 양극이 아닌 정신적 차원의 음과 양의 성향을 말하고 있기 때문이다.

그러므로 차라리 작용과 반작용이라는 표현이 더 적절하다. 하지만 이 또한 한쪽이 작용함으로써 그에 따른 또 다른 작용이 파생되는 것을 말하는 것이지, 그 작용에 대항하는 반대의 작용이라는 개념과는 거리가 있다.

음은 양의 반대가 아닌, 탄생시키려는 음의 의지에 의해 탄생이라는 양이 형성되는 것이며, 탄생한 양은 탄생시키려는 음의 속성을 이어받아 또다시 음과 양의 탄생을 만들어낸다. 작용이 작용을 낳고 그 작용이 또 하나의 작용을 낳는 것, 이것이 진정한 음과 양의 개념인 것이다.

그러므로 음에는 양의 속성이 내포되어 있고 양에는 음의 속성이 내포되어 있다. 아무튼, 이 전자기적인 에테르의 성질이 물질을 결집하게 한다. 그리하여 이렇게 창조된 물질의 속성이 분자 구조와 세포 구조를 더욱 결집해 물질이라는 형상을 만들어 낸다. 즉, 생각에 의해 창조된 물질은 생각에 의해 유지되고 생각의 창조이념에 따라 그 수명을 달리하는 것이다.

이렇듯 모든 것은 무한적인 내 생각에서 나와 유한한 형태의 빛의 진동률, 즉 빛의 형태를 띠게 되고, 그 빛의 파동이 낮아짐에 따라 물질 형태로 전환된다. 그러므로 내 생각이 물질을 창조한다. 그러니 내가 우주를 창조했다는 말도 맞으며 내가 하느님이라는 말도 맞다. 이것은 과학적으로도 맞는 말이다. 그러므로 모든 것이 마음에 달려있다는 일체유심조는 뜬구름의 이론이 아닌 바로 과학이다. 너희는 지금 과학을 공부하고 있고 과학을 체화하고 있으며 과학을 생활화하고 있다.

내 마음을 깨우치는 일은 그래서 세상에서 가장 상식적인 일이고 가장 합리적인 일이며 가장 과학적인 일이다.

아틀란티스, 고대문명

아틀란티스 얘기가 나왔으니 이제 그것에 관해 물어보지 않을 수가 없군요. 아틀란티스는 실제로 존재했던 문명이었습니까?

미리 말해두지만, 아틀란티스뿐 아니라 너희가 익히 들었던 레무리아 문명, 뮤 대륙, 고비사막 문명 등도 모두 실재했던 문명들이다. 한마디로 지구는 오랫동안 재활용되어 왔다.

그렇군요. 하지만 그러한 사실들이 보통사람들에게는 꽤 황당하게 받아들여질 것이란 건 알고 계시겠죠?

진실로 황당한 건, 광대한 우주공간에서 지성적인 생명체가 사는 유일한 행성이 지구이며 억겁의 유구한 시간 속에서 고작 몇 천 년이 그 지성체가 문명을 유지한 유일한 시간이라고 사람들이 믿고 있다는 사실이다.

과연 자신이 어디서 왔는지도 모르고 어디로 가는지도 모르는 인류를 위해 그토록 장대한 우주가 엑스트라로 존재할까? 만약 신이 있다면 그런 인류를 위해 그토록 쓸모없이 큰 무대장치를 만들었을까?

저도 사실 그렇게 생각합니다. 하지만 그런 고대문명이 실제로 존재했다면 왜 그 존재를 우리는 인식하지 못하는 것입니까?

내가 이미 말했듯이 사람들은 우물 속에서 보이는 하늘만 보려고 하지 우물 바깥으로 나오려는 노력은 하지 않는다. 하지만 너희가 세상의 진실과 우주의 비밀에 대해 알고자 하는 절실함과 열린 마음을 가진다면 그러한 신비는 자연스럽게 베일을 벗고 너희 앞에 모습을 드러낼 것이다.

아이가 어른이 되면 자연스럽게 어른 세계의 진실을 알아차리게 되듯, 인류의 의식도 멀지 않아 그러한 진실을 충격 없이 받아들일 정도로 성숙해질 것이다.

그렇군요. 그렇다면 아틀란티스는 어떤 문명이었고 그 문명수준은 과연 어느 정도였습니까? 항간에는 그런 고대문명들이 외계로부터 전해졌다는 말도 있습니다.

어떠한 문명이라도 그것이 독자적으로 생겨나고 사라지는 법은 없다. 따라서 지구 상에 존재했던 모든 문명은 타 문명과의 교류로 생겨난 혼합문명이다. 너희는 지구 바깥을 외계라고 하지만, 은하계, 나아가서는 우주 전체를 한 공간으로 인식하는 존재들이 있다.

한때 우리는 우리가 살고 있는 반경 수백 킬로가 세상의 전부였고 그 밖의 세상을 외계로 간주하던 때가 있었다. 하지만 우리의 인식범위가 넓어졌을 때 그것은 더 이상 외계가 아닌 우리 안의 세상이 되었다.

지금은 인류의 인식범위가 지구라는 행성에 국한되어 있지만, 우리의 본질은 한 행성에 국한된 미약한 존재가 아니다. 우리는 우주적인 존재이다. 지구란 행성 안에서 수많은 문화와 문명이 서로 공존하듯, 이 우주 속에서도 수많은 행성과 태양계와 은하들이 공존하며 문명의 교류를 하고 있다.

지금은 비록 지구인류가 아마존의 원주민처럼 우주의 오지에 속해있는 처지이지만, 과거 아틀란티스와 같은 고대문명은 오히려 우주문명을 주도할 정도로 고도의 과학문명을 누렸었다. 그들은 에테르를 완벽히 이해하고 활용했기에 그들의 육체와 물질을 자유자재로 컨트롤할 수 있었고, 이를 바탕으로 우주의 끝과 끝을 여행했으며 현재의 과학적 패러다임으로는 결코 이해할 수 없는 고도의 과학문명을 누렸었다.

그렇게 뛰어난 과학문명을 누렸던 아틀란티스가 갑자기 사라진 이유는 무엇입니까?

　아틀란티스의 멸망은 지구 역사에 있어 가장 가슴 아픈 비극임과 동시에 너희 또한 그 비극에 일말의 책임과 죄책감을 느껴야 한다.

　좀 더 자세히 말씀해 주십시오.

　당시 아틀란티스의 과학문명은 같은 진화주기에 있는 은하계에서도 최고의 과학기술이라 해도 과언이 아닐 만큼 발달해 있었다. 하지만 그들의 과학문명은 그 도가 지나쳐 태양계와 은하계를 넘나들며 갖은 사고를 치고 다녔고, 그래서 빛의 존재들로부터 일찍이 관찰대상이 되었던 고도의 지능과 영능력을 갖춘 존재들이었다. 결국에는 이러한 만용이 파멸이라는 결과를 초래하게 되었던 것이다.
　아틀란티스인들은 타 문명과의 조화와 자아에 대한 성찰은 뒷전에 미룬 채 그들이 발달시킨 과학만을 더 발전시켰다. 비록 그 과학 또한 자아에 대한 성찰의 결과물이긴 하였지만, 자신의 내면을 찾고 발견하고 그 힘을 키우다가 그들은 안타깝게도 과학과 영성과의 밸런스를 상실하는 오류를 범했다.
　그들은 지구는 물론 우주를 식민지화 하려 했고, 그러기 위해 더욱 강력한 힘을 필요로 했다. 그러나 그들은 결코 그 힘을 가질 수가 없었다. 그들의 영성이 그러한 '포스'를 가질 만큼 조화롭지 못했기 때문이었다.
　그러나 그들은 그 힘을 얻기 위해 그들에게 허용되지 않은 창조와 비

창조의 경계영역까지 들어갔고, 아직 허용되어서는 안 되는 지식이 그들에게 흘러들어 갈 것을 우려한 빛의 존재들은 결국 고심 끝에 아틀란티스 멸망이라는 결론을 내릴 수밖에 없었다.

당시 아틀란티스는 대륙의 형태가 아닌 십여 개의 섬들로 이루어져 있었는데, 빛의 존재들은 곧 지구의 밸런스에 영향을 주어 아틀란티스 침몰이라는 최악의 시나리오가 펼쳐진 것이다. 신의 슬픔과 신의 눈물이란 표현은 이때 쓰일 수 있을 정도로 그분들 또한 이루 말할 수 없을 만큼 마음 아프고 슬픔에 잠긴 결정이었다.

그랬군요. 그럼 아틀란티스의 멸망에 우리도 책임과 죄책감을 느껴야 한다고 한 이유는 무엇입니까?

현재 인류의 행태가 과거 아틀란티스인들과 다르지 않고, 실제로 아틀란티스 멸망 당시에 살았었던 많은 영혼이 현재의 인류에 환생해 있기 때문이다.

그런 사연이 있었군요.
태양계와 지구는 은하계에서 가장 열악한 오지라고 하셨는데, 현재의 인류문명이 그렇게 열악한 수준입니까 ? 만약 그렇다면 외계의 진화한 존재들의 문명수준은 어느 정도입니까?

지구 인류와 같은 선상의 진화 사이클의 우주에서 아직 지구처럼 질병과 중력의 한계를 극복하지 못한 행성은 없다. 너희보다 한 단계 더 진화한 차원의 우주는 지금 너희가 속해있는 시간과 공간의 제약 속에 있는 물질우주가 아닌 전혀 다른 우주다. 시간과 공간은 너희의 물질 육체가 경험하는 가장 저급한 형태의 체험에 불과하다.

현대의 과학자들이 희미하게 윤곽을 잡기 시작하는 물질과 우주의 실체를 이미 오래전에 통달한 외계의 존재들은 지금의 과학자들이 겪고 있는 시공간의 딜레마를 너무도 쉽게 돌파할 수 있다.

휴……. 얘기를 들어보니 현재 인류의 과학기술은 그야말로 어린아이의 수준에 불과하군요.

산업혁명을 거쳐 정보혁명에 이르기까지 인류의 지성과 과학기술은 많은 발전을 했다. 하지만 그 지성과 과학은 아직은 지구의 차원, 아니 지구의 껍데기 차원을 벗어나지 못하고 있다.

교통과 통신의 혁명을 통해 인류는 괄목할 과학기술의 성장을 이루었지만, 그 기술이라는 것이 아직은 화석연료를 연소시켜 나오는 추진력에 의존해 지구란 행성의 표면을 따라 움직이는 수준에 머물러있다. 하지만 그 정도 수준의 과학기술은 그나마 봐줄 만하다. 인류의 다른 분야로 눈을 돌리면 차마 할 말을 잃게 만든다.

무슨 뜻인가요?

무슨 뜻이긴. 인간사회 속에서 지금도 벌어지고 있는 온갖 폭력과 범죄와 전쟁과 갈등 같은 것들이지. 인류는 자신과 생각이 다르고 이념이

다르고 종교가 다르다는 이유로 싸운다. 민주와 자유와 진리의 수호라는 그럴듯한 이념으로 포장한 채 죄 없는 사람들을 무참히 학살하고도 자신의 행동에 일말의 양심의 가책이나 부끄러움을 느끼지 않는 사람들의 세계가 바로 우리 인류의 세계이다.

그런 것들은 우리가 살아가면서 필연적으로 겪게 되는 문제들 아닌가요? 전쟁과 갈등과 폭력은 인류 역사와 떼려야 뗄 수 없는 관계라고 생각합니다.

그것이 더는 필연적이지 않을 때, 인류는 다음 스테이지의 우주로 나아갈 수 있다.

하지만 전쟁과 폭력과 갈등이 없는 세상은 도저히 상상이 되지 않습니다. 과연 그런 세상이 존재할까요? 그리고 우리가 과연 그런 세상을 만들 수 있을까요?

지금의 너희와 똑같은 과정을 거쳐 까마득히 진화한 존재들은 지금 너희가 상상하는 전쟁과 갈등이 없는 세상을 넘어 조화와 균형이 충만한 삶의 여정을 가고 있다. 그리고 그 세계에서 그들은 지금 너희를 기다리고 있다.

모든 만물은 주기를 가지고 순환한다고 했다. 너희의 삶과 죽음, 문명의 탄생과 소멸이 다르지 않고, 한 자아가 윤회를 통해 다양한 개성의 옷을 입듯 지구 또한 다양한 문명의 탄생과 소멸을 반복하면서 지구 차원의 윤회를 한다. 물론 우주도 마찬가지고.

한때 찬란한 문명을 꽃피웠던 이집트, 그리스, 로마 문명이 성장과 쇠퇴의 주기를 거쳐 지금은 흔적만 남아있고 가장 높은 히말라야 산맥이 오래전엔 깊은 바다였었다는 사실을 기억해라.

다양한 경험과 체험을 통한 성장과 성숙은 이렇게 개인, 사회, 문명, 지구, 우주를 통틀어 같은 원리로 이루어진다. 마찬가지로 우리의 몸 안에서 이루어지는 일, 우리의 국가 안에서 벌어지는 일, 우리의 지구 안에서 일어나는 일이 우리의 우주 안에서도 벌어지고 있다.

시간과 공간

시간과 공간은 우리의 물질 육체가 경험하는 가장 저급한 형태의 체험이라고 하셨습니다. 그렇다면 시간과 공간의 본질은 무엇입니까?

먼저 여기 바다가 있다고 가정해 보자. 바다 위로 바람이 불고 파도가 치면 많은 물거품이 생겨난다. 바다는 그 물거품 또한 자신의 한 부분임을 안다. 그러나 물거품은 어떨까?

물거품은 자신이 바다의 표면 위에 돌출돼 홀로 나와 있어, 자신의 근본이 바다와 닿아있고 그로 인해 자신이 존재한다는 사실을 알아차리지 못하고 있다. 물거품의 관점에서는 자신은 바다와 분리되어 있고 바다와 전혀 다른 개체라고 생각한다.

그러므로 물거품은 다른 물거품과의 상대적인 인식을 하게 되며, 생겨났다가 소멸한다는 시간개념을 갖게 된다. 더불어 거품의 세계에서는 나고 죽음이 있으며 이곳과 저곳이라는 거리와 공간개념도 만들어지게 된다. 또한, 많고 적고 하는 양적 개념도 생겨난다.

이렇듯 시간과 공간은 창조의 부산물인 것이지 시간과 공간 속에서 창조가 이루어진 것이 아니다.

그렇군요. 하지만 여전히 시간과 공간을 초월한 세계는 도무지 가늠하기가 힘듭니다.

너희는 매일 그 세계를 경험하고 있다.

꿈 말인가요?

그렇다. 너희는 꿈속에서 온갖 경험을 하지만 그 속에서 시간과 공간을 느끼지 않는다. 꿈은 너희가 시공간의 제약을 넘어선 존재임을 알게 해주는 초보적인 경험이다.

그럼 영화에서 보는 것처럼 타임머신을 타고 시간여행을 하고 공간이동을 하는 것은 과연 가능한가요?

이 우주에서는 너희가 상상하는 모든 것이 가능하다는 걸 미리 말해두마. 너도 이젠 어느 정도 알아차렸겠지만, 모든 물질적인 자질은 의식의 산물이며, 그 의식은 어떠한 제약도 받지 않는 자유이자 창조성 그 자체이다. 그러니 그 자유로운 창조성으로 되지 못하고 하지 못할 것은 아무엇도 없다.

〈스타트렉〉이란 영화를 보면 우주선의 유리관 같은 곳에 사람이 들어가 곧 파동 형태가 되어 사라지고, 그런 다음 자신이 원하는 장소에 다시 나타난다. 이 같은 일은 엄청난 고속의 진동으로 분자의 결합력을 일시에 해체함으로써 가능한 것이다.

'순간이동'의 원리도 이와 마찬가지다. 고속진동으로 분자의 결합력이 해체돼 구성원자의 상태로 되면 그것은 일종의 에테르성을 띠게 된다. 그리고 이 물질의 혼이라 할 수 있는 에테르가 왕래하는 아스트랄 형태의 흐름이 있다. 이것은 쉽게 사념의 흐름으로 봐도 되는데, 이 흐름을 통하여 순간이동이 가능하다.

쉽게 말하자면 자신의 의지로 육체의 진동을 높여서 육체를 에테르화한 다음 아스트랄 흐름을 통해 이동하고 다시 진동을 낮춰 물질화시키는 방법으로 공간이동을 한다고 보면 된다. 예수님이 로마병사들을 피해 모습을 감출 때, 이와 같은 방법을 쓴 것이다.

그렇군요. 저도 성경의 그 구절을 읽으면서 무척 궁금했었는데 드디어 그 의문이 풀렸습니다. 그럼 시간여행도 당연히 가능한 것이군요.

시간여행을 통해 자신의 과거로 돌아가는 것은, 오래전 초등학교를 졸업한 대학생이 옛 초등학교 교정을 찾는 것이지, 대학생이 돼서 과거 초등학교 시절의 자신과 대면하는 것이 아니다. 미래 역시 마찬가지로 초등학생이 자신의 미래에 입학할 대학교를 미리 가보는 것이지, 대학생이 된 자신과 만나는 것이 아니다.

그러나 굳이 이렇게 설명할 필요도 없이 시간여행이 논리에 맞지 않는 이유는, 과거와 미래를 갈 수 있을 정도로 과학이 발달했다면 과거, 현재, 미래가 다를 바가 없는데 굳이 또 다른 과거나 미래를 간다는 것도 우스운 일이지 않겠느냐.

너희가 시간에 대해 착각하는 것 중의 하나는, 너희는 객관적인 시간이 존재하고 그 시간의 흐름 안에 사건들이 각인된다고 생각한다는 것이다. 그러나 실상은 사건이 일어나고 진행되기에 너희는 그 사건의 발생과 진행에 따른 시간개념을 갖게 된다는 것이다. 즉, 사건은 시간의 상위개념이다.

그러니 시간을 되돌린다고 해서 사건의 인과관계를 바꾸거나 변화를 줄 수는 없다. 그러니 영화에서처럼 과거로 돌아가 사건의 원인을 바꿈으로써 현재를 바꾼다는 건 말 그대로 영화에서나 일어날 수 있는 에피소드에 불과하다. 시간이란 한마디로 사건을 유지해 주는 힘에 불과한 것이지 시간 속에서 사건이 일어나는 것이 아니다.

시간과 공간이 우리의 물질육체가 겪는 가장 초보적인 경험이란 이유가 바로 이것이다. 우리는 사건을 만들어 내었고, 그 사건이 일어남에 따라 그 사건을 지탱하고 유지하게 해주는 시공간의 개념이 생겨났다. 즉, 시간과 공간은 사건이 있음으로 인해 존재할 수 있고, 그 사건은 사건을 일으키는 의식적 주체, 즉 내가 존재함으로 인해 생겨난 것이다. 우리는 사건과 시간과 공간의 주체이다. 그러니 시간과 공간이 어떻게 사건에 영향을 줄 수가 있고 또 사건이 어떻게 우리에게 영향을 줄 수 있겠느냐.

너희가 이런 지혜를 계속 알아 나갈수록 너희는 너희를 둘러싼 시간과 공간과 사건과 상황들로부터 더 자유로워지며 나아가 그것들을 지배하고 통제할 수 있게 될 것이다.

그렇다면 우리에게 있어 과거, 현재, 미래의 의미는 무엇인가요? 그리고 예언자는 어떻게 미래를 예언할 수 있습니까?

다시 한 번 말하지만, 시간이란 단지 현상을 존재하게 하고 사건을 유지해 주는 힘일 뿐이다. 4차원(영혼)의 세계에서 시간은 주관적이며, '영원'이란 시간이 무한대로 흘러가는 것이 아니라 시간이란 개념 자체가 존재하지 않음을 말한다. 결국, 시간은 환상이며 엄밀하게 말하자면 시간에 대한 너희의 개념이 환상이다.

미래를 본다는 것은 현재에서 미래를 본다는 것이다. 만약 시간여행을 통해 미래를 갔다 온다고 해도 그것조차 실제론 현재에서 그 일을 하고 있는 것이다.

현재라는 시점에서 똑같은 나무에 한 사람은 나무 꼭대기에 있고 한 사람은 나무 밑에 있다고 가정해 보자. 나무 꼭대기에 있는 사람은 저 멀리 오고 있는 사람이 현재에 보이지만, 나무 밑에 있는 사람은 오고 있는 사람이 아직 보이지 않으므로 그 사람을 보는 것은 미래가 된다. 이처럼 시간은 관측자의 주관적인 경험에 의해 결정된다.

결국, 너희에게 있어 미래란 '현재의 전체'를 다 보지 못하는 데서 생겨난 개념이다. 예를 들어, 너희가 과거에 어떤 물건을 집 안에서 잃어버렸을 때, 그 물건은 그 집의 어딘가에 항상 있었음에도 불구하고 너희가 지금 찾고 있는 그 시점은 '현재'가 되고, 그 물건을 나중에 찾게 될 때 그것은 '미래'가 된다.

그래서 너희는 물건이 항상 있었다는 객관적인 시간 개념을 갖는 것이 아니라, 물건은 계속 있었는데 우리가 못 찾고 있다는 주관적인 시간 개념을 가진다. 즉, 너희의 경험을 기준으로 어느 대상에 대한 시간 개념을 가지는 것이다.

너희가 우주를 측정하고 경험하는 방식도 이와 마찬가지다. 만약 너희가 주관적인 시공간의 관점을 벗어난다면, 그때 너희가 경험하는 우주는 지금과는 완전히 다른 모습일 것이다.

예언자란 단지 남보다 집 안에 있는 물건들의 소재를 잘 파악하고 있는 사람이다. 그래서 너희가 찾고자 하는 물건이 있을 때, 그는 너희보다 그 물건의 소재를 빨리 찾아낸다. 너희가 나중에야 발견하고 경험할 것을 그는 한집(현재)에 있으면서도 너희보다 먼저 보거나 찾아낼 수 있는 사람이라는 말이다.

하지만 거기엔 너희가 찾는 물건이 어떤 물건이 될지 모르는 다양한 상황이 존재한다. 그리고 어떤 물건도 찾을 필요가 없는 상황도 존재한다. 현재에는 물질계뿐만이 아니라 물질계의 시공이 무시되는 여러 차원이 공존하고 있기 때문이다.

이러한 차원들은 일단 물질계 차원의 법칙을 우선으로 하지만, 때에 따라서는 다차원의 개입을 불러일으키는 상황도 종종 일어난다. 미래는 다차원적이고 다변적인 현재에서 그런 식으로 만들어지고 있다. 즉, 주제는 바뀌지 않을지라도 상황은 수시로 변할 수 있으며, 어느 방향으로 튈지 모르는 양자역학의 퀀텀Quantum처럼 미래는 언제나 불확실하다.

그렇다면 예언은 결코 정확할 수 없다고 보면 되겠군요?

그렇다. 정확하게 표현하자면 예언을 하는 게 아니라 보다 더 정확한 예측을 할 뿐이다.

스승님의 가르침은 어떻게 보면 현재 인류의 지식과 인식범위를 넘어선 이해를 필요로 하는 것들입니다. 그렇다면 우리는 과연 이것들을 어떻게 받아들여야 할까요?

네 말처럼 단순한 지식적인 이해를 넘어 너희가 지성적인 이해로 받아들여야 할 내용이 너무 많다. 우주의 생성기원이나 우주의 창조변화원리, 시공간과 무수한 차원에 관한 이야기들이 그것이다. 여기에서의 지성적인 이해란 완전한 이해를 말한다. 그것은 단순히 '이럴 것이다.'라는 추측과 상상을 넘어 "이렇구나! 이럴 수밖에 없구나!"라고 말할 수 있는 완전한 공감을 말한다. 그러기 위해서 너희는 그 모든 이야기에 완전한 공감을 할 수 있는 이해에 먼저 도달해야 한다.

이제 막 한글을 깨우친 어린아이가 단번에 책의 내용을 이해하기란 불가능하다. 그것은 단어의 뜻만을 안다고 해서 되는 것이 아닌, 아이의 이해수준이 뒷받침되어야 하기 때문이다. 무엇보다 아이의 지성적인 성장이 이루어져야 하며 또 반드시 교육의 과정과 환경이 필요하다.

너희는 그동안 놀랄만한 성장을 했고 의식의 진보를 이루었고 이해의 폭을 넓혀 왔다. 하지만 아직도 너희의 보다 더 깊은 이해를 요구하는 많은 이야기가 있다. 이러한 이야기들에 완전한 공감을 하기 위해선 너희는 의식의 도약에 대한 열망을 멈추지 말아야 한다.

바로 이 구절 "나는 왜 의식의 도약에 대한 열망을 멈추지 말아야 하는가."에 대한 이해조차도 나의 의식 수준이 이 상황을 온전히 이해하고 받아들일 수 있도록 내가 성장을 거듭해야 한다는 것이다.

너희가 흔히 갖는 "왜? 무엇 때문에?"라는 식의 의문이 생겨나는 이유는, 바로 지성적인 공감을 하지 못하기 때문이다. 이러한 의문은 단순히 지식적인 이해만을 구하려는 데서 생기는 것이며, 현재 내 의식의 범위가 말하는 것일 뿐이다. 즉 객관적인 이해가 아닌 나의 이해를 말하는 것이다.

비록 너희가 많이 채워놓기는 했을지라도 가방은 많은 것을 담기에는 한계가 있다. 어느 순간 가방은 한계에 도달하여 더는 책이든 노트든 들어갈 수 없게 된다. 그때 너희는 가방을 고집하지 말아야 한다. 이제 가방은 한계에 도달했기 때문이다. 가방은 너희가 그동안 쌓아온 지식과 인식의 범위를 뜻한다. 하지만 가방에 도서관이 들어갈 수는 없다. 너희가 가방을 계속 고집한다면 너희의 지식과 인식도 가방 속의 지식과 인식에 그칠 수밖에 없다.

너희는 자유롭게 그 어느 곳에서든 너희가 필요한 지식과 지혜를 무한히 접할 수 있고, 무한히 얻을 수 있다. 너희는 가방으로부터 자유롭기 때문이다. 앞서 말했듯이 너희의 열정으로 의식이 성장하고 진보하여 지성적인 공감대가 형성되지 않는 한 사실 어떤 이야기도 제대로 전달될 수 없는 것이며 어느 대화도 완벽히 이루어질 수 없다. 그것은 단순한 단어나 문장의 소통이 아닌, 관점의 소통이 필요하기 때문이다.

산 정상에서 산 밑을 바라보며 하는 이야기를 산 정상에 있는 사람과 산 밑에 있는 사람이 공유할 순 없다. 그러므로 진정한 대화는 산 정상

에 함께 있으면서 이루어져야 하며 그럴 때라야만 진정한 이해와 공유가
이루어질 수 있다.

영혼의 본질

우리의 정신, 의식, 영혼은 시공간의 제약을 받지 않는 자유 그 자체라고
하셨는데, 그럼 영혼의 본질은 무엇입니까? 육체처럼 영혼도 탄생의 과정이
있습니까?

쉽게 단정적으로 말한다면, 인간의 영혼도 육체와 똑같이 탄생한다고
할 수 있다. 이 말은 많은 논란의 여지가 있을 수 있지만, 본질적인 차원
에서 볼 때 탄생 외에 다른 표현을 쓸 수가 없구나.

남성과 여성이 사랑을 통해 또 하나의 생명체를 만들어 내는 것과는
달리 신은 인간의 영혼을 직접 만들어 내셨다. 〈서유기〉에 보면 손오공이
머리카락으로 수천, 수만의 분신을 만들어내는 분신술이 있다. 이 분신
술은 사실 매우 상징적인 의미를 담고 있다. 손오공의 분신은 단순히 상
대방을 공격하는 도구로 쓰였지만, 분신의 진정한 능력은, 만 명의 분신
을 만들어내면 만 명이 서로 다른 사람을 만날 수 있고 상대방에게 각각
다른 인상을 줄 수 있으며 그에 따라 만 명의 경험된 정보를 각인해 돌
아올 수 있다는 것이다.

신은 이렇듯 자신의 분신인 인간을 통해 신의 창조계획을 실현해 나가
며 창조되지 않은 영역을 창조해 나가고 있다. 다시 말하면, 어둠의 영역

을 빛의 영역으로 바꾸어 나가고 혼돈의 영역을 질서의 영역으로 바꾸어 나가고 있다. 바로 인간의 의식을 통해서 경험하게 하고 대처하게 하고 완성하게 함으로써 창조의 계획인 밝음의 세계를 구현하는 것이다. 그러므로 한 인간의 의식의 완성은 신의 경험을 더 하고 한층 신의 영역이 밝아짐을 의미한다.

여기 백 개의 초가 켜져 있다고 하자. 여기에 한 개의 초가 더해지면 밝기는 백한 개의 촛불의 밝기가 된다. 이미 켜져 있던 백 개의 촛불은 한 개의 촛불이 더해짐으로 인해 빛의 영역을 한층 더 넓혀간다. 그러나 촛불은 백한 개가 되었을지라도 밝음은 여전히 '하나'이다.

신이 당신의 분신을 만들어 내듯이 신의 분신인 인간도 자신의 분신을 만들어 내는 것은 당연하며 비단 육체의 분신만이 아닌 영혼의 분신도 만들어 낼 수가 있다. 그리고 신이 우리를 탄생시킨 것과는 조금 다르지만, 너희 또한 어떤 대상이나 상상 속의 개체에 대한 지속적인 염원으로 '염체'라는 존재를 만들어 낸다.

염체는 우리와 똑같은 감성이 있고 심지어는 이성이 결여된 우리의 개성까지도 갖출 수 있다. 많은 사람이 무의식중에 이러한 염체를 만들어 내 자신의 분신과 함께 행동하며, 어떨 땐 부정적인 분신의 힘이 자기 자신을 지배하고 조종하는 일까지도 생겨난다.

그럼 영혼에도 숫자가 있습니까?

영혼에 있어 수의 개념은 사실상 무의미하다. 그러나 최초에 신의 창조 계획에 투입됐던 신의 분신들의 수는 한정돼 있었다. 내가 숫자를 밝히지 않는 것은 수의 개념이 무의미하기 때문이다. 빛은 하나지만 프리즘을 통해 나타나는 빛의 색깔은 일곱이듯이 수의 개념은 본질적인 빛이 아닌 현상적인 색에 기인한 것이기 때문이다.

너희와 나의 육체가 현실에서는 둘이지만, 육체를 벗어난 세계에서 너희와 내 생각(파장)이 일치할 때 우리는 하나가 된다. 그것은 수천, 수만이 되어도 마찬가지다. 프리즘을 통과한 보라색과 노란색의 빛이 원래의 순수한 빛으로 돌아가면 하나가 되듯이 말이다. 신의 빛이 비록 수많은 색을 만들어 내는 프리즘을 통과하여 무수히 많은 색, 즉 많은 영혼을 존재케 했을지라도 우리는 결국 하나이다.

너희가 배우가 되면 수많은 역할의 배역이 주어질 것이다. 그러나 배우는 언제나 한사람이다. 너희는 신이 만들어 낸 하나의 배역들이다. '나'라고 하는 자아는 이 배역을 고집하는 것에 불과하다. 서로 다른 배역을 놓고 서로 다른 남이라고 우기지만, 배우는 단 한 사람 '신'이고 그것이 우리의 본성이다. 그러니 이렇듯 현상적인 수의 개념에 매달릴 필요가 없다. 현상을 통해서는 결코 본질을 이해할 수 없다. 그러니 너희는 먼저 영혼의 본질이 무엇인지 알아야 한다.

바다를 생각해 보자. 물결이 칠 때 물방울이 일어난다. 물방울은 탄생의 개념을 맛보고 곧이어 다른 물방울이 생겨나며 '시간개념'이 생겨난다. 다른 물방울이라는 '상대개념'과 저쪽 물방울이라는 '공간개념'도 생겨나며 물방울들이라는 '수와 양의 개념'도 생겨난다. 그러나 그 모두는 바다이며 바다에서 벌어지고 있는 현상들이다. 그래서 너희의 영혼은 물방울이 아닌 바다이며 곧 신이다.

잘 알겠습니다. 제가 영혼의 숫자를 물어본 이유는, 신 그 자체인 우리의 영혼이 자신을 개별적 자아로 인식하고 있기 때문입니다. 왜 우리는 자신을 신으로 인식하지 못하고 있는 것입니까?

다시 추상적인 표현을 쓸 수밖에 없겠구나.

최초의 창조성인 하느님은 실존을 지향하는 비실존적인 존재로 계셨다. 그리고는 곧 실존의 측면을 나타내 체험해 보고 싶었다. 실존은 창조의 세계이자 경험의 세계이며 또한 실존은 질서이고 조화이다. 그리하여 하느님은 실존을 느낄 수 있고 경험할 수 있는 실존적인 형태의 하느님이 필요했다. 이 실존적인 하느님이자 창조의 매개체가 바로 인간 탄생의 기원이다.

다시 말해, 처음에 신이 육체적인 차원으로 들어오신 것은 물질의 경험을 하고 싶어서였다. 신성의 입장에서는 빛조차도 자신을 나타낼 수 있는 가장 저급한 형태이기 때문에 육체의 차원으로 들어오지 않는 한 모든 물질계를 경험할 수 없었다.

신은 자신이 창조한 모든 것을 경험하고 누려보기를 원하셨다. 그리하여 육신의 감각을 통해 물질계를 접하게 된 신은 만져지고 보이고 들리는 물질계의 정서에 흠뻑 취하셨던 것이다.

처음에 인간은 이러한 완벽한 조화를 가지고 있는 창조자의 신성이었고, 그것을 토대로 창조를 이루어가고 경험해 나갔다. 창조가 일어나지 않는 영역, 즉 무질서와 부조화의 영역을 흡수하여 조화와 질서의 영역으로 넓혀 나가는 것이었다.

한동안 이러한 창조의 과정은 차질 없이 계속 진행되어갔다. 하지만 문제는 창조라는 형태에 있었다. 창조의 방식은 불완전을 통해 완전을 지향하는 것이다. 그러므로 경험을 통하지 않고서는 신도 완전하게 창조라는 그 세계를 이해할 수 없었다.

그런데 여기서 경험의 미숙이란 문제가 생기게 되었다. 불완전을 통해 완전을 지향하는 창조의 방식은 경험의 미숙을 초래하게 되었고, 이것은 곧 과다한 무질서와 부조화의 유입을 낳게 되어 신의 매개체(인간)를 덮치게 되었다.

달리 표현하자면, 물질계 자체의 특성인 느린 진동과 집착력에 의해 육체의 전 세포까지 투사됐던 신성은 본의 아니게 물질계에 스스로 갇히게 된 것이다. 물질의 파동이 느리기에, 자아라는 육체 의식을 사용하여 신나게 물질계를 누렸던 신성은 이러한 물질계의 특수성 때문에 신조차도 자신이 신성인지 자아인지 분간을 못 하는 지경까지 이르게 되었던 것이다.

물론 완전한 질서와 조화의 현현인 신성은 그러한 무질서나 부조화로부터 그 본성을 잃게 되는 법은 없지만, 한꺼번에 밀어닥친 무질서와 부조화 때문에 신성의 빛은 일시적으로 어둠에 가려지게 되었고, 오랜 시간 동안을 이러한 무질서와 부조화를 조금씩 흡수해 나가지 않으면 안 되는 상황에 처하게 되었다. 그리고 이것이 지금 인간의 영혼이 헤쳐 나가야 하는 운명의 과제가 되어 버린 것이다.

완전한 신성이 경험의 미숙으로 부조화에 빠진다는 게 잘 이해가 되지 않습니다. 완전한 신성이 어떻게 그럴 수 있습니까?

어떻게 그럴 수 있느냐고? 사돈 남 말 하는구나. 그건 오히려 내가 묻고 싶은걸. 너희는 어떻게 그럴 수 있지?

네?

나는 지금까지 너희의 이야기를 하고 있었다. 육신의 욕망, 세속의 욕구, 세상이라는 꿈에 푹 빠져 자신의 완전한 신성을 망각하고 있는 바로 너희의 이야기를!

……아! 그렇군요. 전 그게 오래전 옛날이야기인 줄 알았습니다.

시간과 공간은 너희의 영혼이 겪는 가장 저급한 체험이라고 했다. 영혼의 입장에서 과거와 미래는 환상일 뿐이다. 창조는 과거가 아니라 너희가 즐겨 쓰는 표현대로 'Here & Now' 바로 지금 여기에서 이루어지고 있는 현재진행형이다.

네, 이제야 무슨 얘긴지 알 것 같습니다. 신성실락은 바로 우리의 모습이고 정말 우리가 지금 여기서 그러고 있군요. 그렇다면 우리 영혼의 목표는 신성회복입니까?

하하하, 신성회복이라……. 너는 사는 게 어때?

뭐, 나름 재밌습니다.

그럼 됐다. 이제 더 이상은 신성회복에 대한 스트레스나 더 높은 차원의 세계로 나아가야 한다는 스트레스를 갖지 않길 바란다. 내가 지금 너희에게 말하고 있는 내용은 너희의 정신적이고 영적인 문제에 대한 스트레스를 해소시켜 주기 위함인데, 오히려 이러한 내용이 재미있게 잘 사는 너희에게 또 하나의 스트레스가 되어서는 안 되지 않겠느냐.

'우리의 영혼은 신성회복을 해야 한다'란 말은 내 입장에서 볼 때 사람은 물을 마시고 밥을 먹어야 한다는 말과 같이 들려 웃음이 나왔다.

너희의 삶이 곧 창조주의 삶이다. 이 말은 너희 삶의 모든 일상이 곧 신성회복의 삶이란 것이다. 신성회복이라고 하면 왠지 뭔가 거창한 것처럼 들려 특별한 어떤 노력을 해야 할 것 같은 의무감이 들지만, 너희는 전혀 그럴 필요가 없다.

왜 신은 굳이 자신이 창조한 물질세계를 몸소 겪기를 원하셨을까? 또한, 신께서 일부러 찾아오신 물질의 세계를 수많은 성자들은 왜 다시 벗어나기 위해 고행을 마다치 않았고, 또 너희에게 그러한 가르침을 남겼을까? 여기에 나까지 가세해서 신성회복을 주장하고 있는 이유는 무엇일까?

그에 대한 대답은, 신(여러분의 신성)이 인간(여러분)의 꿈을 너무 오래 꾸는 것 같으니 이제 그만 꿈에서 깨어나라는 것이다. 너희는 인간의 꿈을 꾸고 있는 신이다. 그리고 그 꿈은 즐겁고 행복한 성장과 성숙의 꿈이다. 이제 너희는 단지 그 사실을 아는 것으로 충분하다.

그렇군요. 왠지 마음이 가벼워지는 느낌입니다.

신성회복, 깨달음, 자아발견…… . 이런 말들에 대해 너희는 너무 많은 의미를 부여하고 또 어려워한다. 그리고 그런 것들을 이루기 위해선 오랜 수행과 힘든 노력을 기울여야 한다고도 말한다. 하지만 신성회복, 깨달음, 자아발견, 그 어떤 것이 되었든 그것에 이르는 최선의 길은 기쁨과 즐거움의 길이다. 우리 대화의 처음을 잘 기억해라. 행복과 즐거움과 경험과 성장은 항상 연결되어 있다. 무엇이 어렵고 힘들고 복잡하다는 것은 신과 진리와 동떨어진 것이라는 걸 의미한다.

선과 악

네, 무엇을 하든 즐겁고 기쁘고 행복하게 하는 것이 최고군요.

그럼 또 묻겠습니다. 어느 정도 예상은 하고 있지만, 선과 악이라고 하는 것도 단지 우리의 관념이 만들어 낸 개념에 불과한 것입니까? 즐겁고 기쁘게 무엇인가를 하려 해도 항상 그것을 방해하는 무언가가 있습니다. 그리고 우린 그것을 '악'이라 지칭하죠.

네 말대로 이 세상에 악이라는 것은 존재하지 않는다. 악이란 단지 성숙되지 않음, 다시 말하면 미성숙, 부조화, 무질서를 뜻한다. 이러한 단어가 뜻하는 바와 같이 악은 완전한 긍정에 아직 못 미치고 있을 뿐, 그것은 이미 긍정의 범주 안에 들어 있는 것이다.

육체적으로 미숙한 어린아이에게 충분히 익지 않은 과일은 탈이 나게 한다. 아직 판단이 서투른 아이들에게는 그것을 제재하는 이유를 자세히 설명하기보다는 우선은 가장 쉽게 제재를 하기 위해 '부정'이라는 개념을 사용할 수밖에 없다.

갓난아기가 손에 닿는 건 무엇이건 입에 넣으려 할 때, "이건 지지야." 하면서 너희는 우선 아기에게 부정의 개념을 가르친다. 즉, 나쁜 것, 안 되는 것 등으로. 이런 것들은 나중에는 좋아질 수 있고 잘될 수 있는 것이지만, 인류의 의식이 성숙하지 못했던 시기에 이러한 부정의 개념은, 좋아질 수 있다는 가능성이 배제된 채 악이라는 하나의 고정관념으로 자리 잡아버렸다.

'악'이라는 개념은 이렇게 탄생하였다. 그러므로 악의 대명사인 루시퍼는 타락한 천사가 아닌, 단지 경험 미숙의 용감한 천사였으며 창조의 선구자였다. 바로 신성실락한 우리들의 모습인 것이다. 이것이 원죄의 상징으로 또는 악의 화신의 이야기로 전해 내려온 이유는 앞서 말했듯이 성숙하지 못한 인간의 영성에서 나온 생각이었기 때문이다.

그래서 사람들에게 악마와 악의 실체를 인정하고, 그것에 선이라는 상대개념을 도입해 이러한 것들을 영원히 터부시한다면 악은 그 생명력을 영속적으로 지속한다. 하지만 악은 근원적으로 존재하는 것이 아니다. 아직은 부조화와 무질서의 영역에 머물고 있는 것일 뿐, 그것은 반드시 조화와 질서로 가지 않으면 안 되는 숙명의 여정에 있다.

아이들은 같이 놀다가도 서로 다투기도 한다. 장난감을 다른 아이가 뺏었을 때 아이는 장난감을 뺏은 아이와 장난감을 뺏는 짓을 악으로 규정하고 부모에게 그 아이를 벌해달라고 요구한다. 하지만 어른은 어린아이들의 그러한 모든 행위가 악이 아닌, 단지 미성숙한 상태에서 나온 행위임을 안다.

이렇듯 악은 아직 성숙하지 못했을 뿐, 처벌이나 심판의 대상이 아니다. 달고 단 감조차도 충분히 익지 못했을 때는 떫은맛이 난다. 하지만 감이 떫다고 떫은 감을 다 따내 버린다면 이 세상에 어떻게 단감이 존재할 수 있을까. 감의 단맛과 떫은맛은 단지 숙성의 차이일 뿐, 본질의 차이는 아니다. 그들이 성숙하지 않다고 도태시켜 버린다면 그것은 진정한 신의 구원이 아니다. 그러므로 진정한 의미의 심판이란 성숙시킴을 위한 구제이지 누구를 단죄하는 그런 식의 심판이 되어서는 안 된다.

잘 알겠습니다. 그럼 또 묻겠습니다. 우리는 인간의 꿈을 꾸고 있는 신이고 그 사실을 아는 것으로 충분하다고 하셨는데, 아직은 그 의미가 실체적으로 와 닿지 않습니다.

너희는 무의식적인 삶을 살고 있다. 그리고 너희의 무의식적인 삶은 또 다른 무의식적인 삶, 즉 사후의 세계를 만들어낸다.

삶과 죽음의 세계가 보는 관점에 의해 모두 꿈같이 느껴지는 이유와 이러한 혼란이 야기되는 이유는, 아직도 너희가 삶과 죽음에 대한 분명한 깨우침 없이 그저 물 흘러가듯 살아가고 있기 때문이다.

살아있어 숨 쉬고, 배고프면 먹고, 피곤을 느끼면 잠을 자고, 그 육신의 기능이 다하면 죽고……. 한마디로 동물과 다를 바 없는 그저 육체적인 본능의 삶 말이다.

너희의 인생은 육체가 주도권을 잡고 그것에 정신은 그저 무의식적으로 끌려다니고 있다. 현재의 육체만이 오직 '나'라고 하는 자아(에고) 때문에 생겨나는 무수히 많은 감정 - 분노, 시기, 질투, 욕망, 애증 - 들의 노예가 되어 있다. 그런 것들은 어느 것 하나 정신적인 의식권에서 나오는 감정과 개념들이 아니다. 그렇다면 어떤 것이 정신적인 의식권일까?

육신이란, 아직 미성숙한 정신이 잠시 머무르며, 말 그대로 정신을 차리기 위한 병원의 회복실 같은 용도라는 사실을 깊이 자각해야 한다. 육체는 그것을 이루고 있는 물질적인 파동이 느리고 무거워, 정신을 완전히 차리지 못한 인간이 천천히 자기를 둘러보고 생활하면서 정신을 되찾아 나가기 위해 신께서 알맞게 창조해 내신 하나의 매개체이다.

신성회복이란, 우리가 애벌레에서 머무르는 것이 아닌 나비가 될 수 있음을 뜻하며, 자연의 피조물이 아닌 창조주였음을 자각하는 것이다. 우리 인간이 만물의 부속물이 아닌 만물의 주인임을 깨닫는 것이다.

이것이 내가 말하는 깨어있는 삶, 의식적인 삶이다. 삶의 노예가 아닌 삶의 주인으로서의 삶 말이다. 육체에 기인한 삶은, 육체가 사라진 사후에도 욕망과 욕구는 남겨진 채 이러한 것들이 채워지지 않은 것에 대한 스트레스를 풀고 있다가, 영적인 권태와 육체적인 삶에 대한 애착으로 다시 육신의 세계로 돌아오기를 강하게 염원한다. 이것이 윤회, 즉 다시 환생하는 이유이다. 그 사람이 가지고 있는 스트레스에 따라, 또 그 자신의 기분에 따라 사후세계에 머물러 있는 시간도 천차만별이라 환생해 오는 기간도 제각각이다.

또한, 다시 환생할 때는 이전 삶에서의 경험, 작용과 반작용, 자신이 만들어 냈던 원인에 대한 결과들이 카르마란 슈퍼컴퓨터에 의해 연산 처리되어 자신에게 꼭 맞는 프로그램이 세팅된 새로운 인생을 살아가게 되는 것이다.

우리는 모든 것이 존재하기 이전에서 왔다.

우리는 창조가 이루어지기 이전에 이미 존재했다.

우리는 탄생을 만들 수 있지만, 결코 탄생하지는 않았다.

우리는 창조를 이루어 낼 수 있지만, 결코 창조되지는 않았다.

우리는 무엇이든 될 수 있지만, 그 무엇도 아닌 창조성이다.

지금까지 너희는 수천 번의 삶을 살아왔다. 지금의 이 자리에 있기까지 수천 번의 개성으로 서로 다른 삶을 영위해 왔다. 하지만 그때마다 너희는 늘 다른 사람이었고 늘 다른 인격을 가지고 있었다.

그리고 지금 너희는 수천 번의 삶의 경험을 간직한 채 또 하나의 개성을 통해 이번 생을 살아가고 있다. 삶마다 너희는 탄생과 죽음을 맛보았고 죽음과 더불어 너희의 삶의 기억들은 다시금 망각의 바다로 빠져들곤 했다. 이러기를 수천 번, 윤회라는 굴레 속에서 매번 쳇바퀴 돌듯이 똑같은 경험들을 되풀이하였던 것이다.

너희의 매 순간 살아왔던 삶의 소중한 경험들은 마치 모래 위에 쓴 글씨처럼 파도가 한번 지나갈 때마다 흔적도 없이 사라졌다. 수천 번의 삶의 경험과 기억들은 그렇게 너희의 기억 속에서 잊혀졌다. 그것은 기억할 만큼 가치 있지도 않았고 돌아볼 만큼 특별하지도 않은 그저 그런 허망한 삶들이었다.

왜 이 같은 일이 벌어져야만 할까? 왜 너희는 한 생 한 생 사무치듯 살아온 너희의 소중한 삶의 경험과 기억들을 그렇게 허무하게 잃어야만 했을까?

매 순간의 삶과 죽음에 늘 너희는 거기에 있었다. 너희는 때로는 세상의 평화를 맛보았고 때로는 세상의 멸망과 함께하기도 하였다. 수없이 많은 시대의 변천이 있었고 늘 그때마다 너희는 다른 개성으로 그 시대를 경험하며 같이 존재했다.

지금 너희는 이 자리에 있다. 그리고 또다시 모래 위에 글씨를 쓰려 하고 있다. 그러나 이제 너희는 다가올 세상에 대한 염려보다는 자신의 기억을 찾아야 할 때이다. 자신의 진정한 본질을 자각해야 할 때이다. 이것이 이번 생에서 너희가 해야 할 가장 가치 있는 일이다.

잘 알겠습니다. 그리고 참으로 그러합니다.

지금껏 우주창조와 그 전개는 바로 너희 자신의 역사임을 어렴풋이나마 이해하였을 것이다. 다시 말하지만, 우주는 물질계와 정신계로 이루어져 있다. 그리고 물질계와 정신계는 따로 구분되어 독립적인 것이 아니라, 마치 분자가 원자들의 결합인 것처럼 일체화되어 있다. 집중과 관조, 그리고 명상을 통한 지속적인 자아(우주) 성찰은 자아(우주)에 대한 온전한 앎에 도달하는 데 중요한 채널이 된다.

우주가 아무리 신비하고 무한하게 보일지라도, 자기 자신에 대한 성찰이 깊어질수록 우주에 대한 앎도 그것에 비례하여 깊어진다. 왜냐하면, 우리 각자의 내면에는 우주를 창조하고 여행하는 열쇠가 있고, 우리가 많은 관심을 가지고 있는 외계문명과 지구문명 그리고 인류의 개화에 헌신하는 위대한 구루들의 역사와 언행 역시 자아에 대한 성찰이 깊어지면 질수록 더욱 확연히 이해할 수 있게 된다.

이제는 너희에게는 물질계와 정신계를 포괄하는 법칙을 체득하고 공유해야 할 때가 왔다. 이 법칙은 염력으로 숟가락을 구부리고 폭풍우를 몰고 오는 그런 초능력이 아니라, 물질계가 물질계로 온전할 수 있고 그러한 물질계에 사는 우리 자신의 선한 바람이 이루어지도록 우주(정신)의 법칙을 이해하고 운용해야 한다는 것이다. 비유하자면 꽃이 생명을 잉태할 수 있는 화분(물질계)을 품으면 바람과 나비(정신계)가 그것을 옮겨다 생명을 잉태하고 생명자람(우주창조)이 일어나는 것과 같은 이치이다.

민들레꽃을 보라. 꽃을 피워 씨앗을 한껏 품고 바람에 흩날려 보내는 민들레 말이다. 민들레꽃은 참으로 깨달음을 적절하게 표현할 수 있는 생명의 여정을 가고 있다.

민들레는 자신의 꽃잎의 에너지가 다 소진될 때까지 결코 완전한 씨앗을 만들어내지 않는다. 인간의 부질없는 욕망이 완전히 사라지고 씨앗이라는 깨달음을 얻을 때까지 꽃잎이라는 자신의 사념들을 말끔히 태워버린다. 그러고 나서 순수한 씨의 자성만을 갖게 되는 홀씨로 변형되어 사방으로 퍼져 나간다. 마치 깨달음의 에너지가 퍼져 나가듯이 말이다.

너희도 민들레꽃처럼 자신을 신성의 빛으로 끌어올려 수많은 사람을 밝혀주길 바란다. 너희가 이러한 신성을 이뤄 낼 때 너희는 신성의 밝음과 신성의 에너지를 갖게 된다. 다시 말하면 깨달음, 즉 신성의 자장을 형성하게 된다. 그 신성의 빛은 너희 주위의 모든 이들에게 광자대가 되어 그들을 신성의 밝음으로 이끌 것이다.

2부

깨달음이란 무엇인가?

이제부터는 우리 삶의 또 다른 큰 주제인 깨달음에 관해 이야기를 나누고 싶습니다. 동서양을 막론하고 '깨달음'과 '깨달음의 성취'란 주제는 실로 오랫동안 논란이 되어 왔습니다.

단도직입적으로 묻겠습니다. 깨달음이란 무엇입니까? 그리고 깨달음을 얻기 위해 우리는 무엇을 어떻게 해야 합니까?

그렇다면 나도 단도직입적으로 말하겠다. 깨달음이란 없다!

부처님도 깨달음을 말씀하셨고 수많은 선사와 성현들이 깨달음을 설파했는데 깨달음이 없다니요?

그래서 깨달음이란 없다고 하는 것이다. 수많은 선사와 성현들이 깨달음을 얘기했는데 너는 지금 또 나에게 깨달음이 무어냐고 묻고 있다. 그러니 깨달음은 없다고 말할 수밖에.

그건 그렇지만……. 깨달음에 관한 수많은 책과 가르침을 접했는데도 저는 아직도 깨달음이 무언지 잘 모르겠습니다. 세간에 난무하는 수많은 깨달음의 정의와 주장들을 접하지만, 그 어느 것 하나 확연하게 와 닿는 것도 없을뿐더러 또 그것들을 제대로 판단할 수 있는 분별력이 저에게 있는지도 잘 모르겠습니다.

너는 깨달음에 대해 오해하고 착각하는 것이 있다. 우선 너는 '깨달음'이라고 하는 어떤 객관적인 상태나 경지가 있다고 믿고 있다. 그래서 너는 먼저 깨달음이 뭔지 규정하고 또 그것을 성취하거나 그것에 도달하려한다.

이는 비단 너뿐만 아니라 깨달음에 대해 생각하거나 추구하는 사람들의 공통된 오해이자 착각이다. 너희는 그런 식으로 실로 오랫동안 깨달음이 뭔지 규정하고 정의를 내리는 데 많은 시간을 허비했다. 수천 년 동안 깨달음을 찾고 연구했는데도 여전히 깨달음이 뭔지 고민하고 있다는 건 너희의 노력 자체에 뭔가 큰 오류가 있다는 걸 뜻한다.

그렇긴 합니다만, 그렇다면 스승님의 말처럼 애초에 깨달음이란 없는 것입니까? 인류는 과연 몇천 년 동안 헛수고를 했단 말입니까?

깨달음을 얘기할 때 너희가 자주 인용하는 유명한 구절이 있다. 노자의 도덕경 첫머리에 나오는 '도가도 비상도'란 말이다.

"도를 도라고 얘기할 때 그것은 더 이상 도가 아니다." 이 말이 무슨 뜻이지?

깨달음은 말로 설명될 수 없다는 뜻으로 대략 알고 있습니다.

그럼 너는 그것에 대해 어떻게 생각하지?

저도 깨달음이란 말이나 글로 정의할 수 있는 범위를 넘어선 그 무엇이라고는 어렴풋이 느끼고 있습니다. 하지만 그럼에도 불구하고 깨달음이 무언지 알고 싶은 건 어쩔 수가 없습니다.
휴……. 이렇게 말하니 저도 제가 답답합니다.

지금 너의 그 답답함은 소위 깨달음을 얻고자 하는 구도자들이 느끼는 답답함과 별반 다르지 않다. 그렇다면 그 답답함은 왜 생기는 것일까? 그 답답함은 어디서부터 시작되었을까?
그것은 사람들이 찾아 헤매는 깨달음이라고 하는 것이 실상은 깨달음에 관한 것, 깨달음에 관한 개념, 규정에 불과하기 때문이다.

좀 더 자세히 말씀해 주십시오.

여기 그림자가 있다. 그림자는 내가 있고 빛이 있기에 나의 투영 즉, 그림자가 생긴다. 내가 없으면 그림자도 없고, 내가 있어도 투사하는 빛이 없으면 그림자는 만들어지지 않는다. 그림자는 결코 홀로 생겨날 수 없다.

개념이 생겨나는 것도 이와 같다. 나에게 내 생각을 투사시켜 나의 개념이라는 그림자를 만들어 내는 것이다. 그러므로 당연히 내가 없는 개념은 존재할 수 없다. 내가 있어도 내가 생각하지 않는다면 개념은 만들어지지 않는다. 결국, 개념이란 나에 의해, 나의 생각에 의해 만들어지는 나의 그림자와 같은 것이다.

사람들은 도와 깨달음에 대해서는 물론이고 철학에 대하여, 사상에 대하여 수많은 말과 정의와 규정과 논리를 쏟아내고 있다. 그들에게 있어 이러한 정의와 규정과 논리는 분명한 실재성을 가진 것처럼 보인다. 왜냐하면, 마치 그러한 정의와 규정, 논리들이 내 모습이 그대로 투영된 그림자와 같이 인식되기 때문이다.

사람들은 자신이 정의하고 규정하고 논리화한 개념을 그림자와 같이 분명한 실재라고 주장한다. 사람들은 쉴 새 없이 이것이다, 저것이다, 이것이 맞다, 저것은 아니다, 이것이 옳다, 저것은 그르다고 말하고 있지만, 정작 누가 그러한 정의를 내리고 누가 규정을 하고 누가 논리화하며 누가 개념화시키고 있는지, 누구에 의해 이러한 그림자가 만들어지는지에 대한 통찰은 늘 놓치고 있다.

하지만 그것들은 모두 나에 의해, 나의 생각에 의해 만들어지는 것이다. 앞서 말했듯이 그림자는 홀로 존재할 수 없다. 마찬가지로 그 어떤 규정과 정의와 논리도 스스로 존재할 수 없다. 그것들은 그 누구도 아닌, 바로 나에 의해, 나로 인해 만들어지고 존재한다는 사실을 인식해야만 한다.

너희가 아무리 객관성을 논하고 상식을 말하고 중론을 장황하게 이야기한다 해도, 이러한 객관성과 상식과 중론을 말하는 주체가 '나'임을 자각하지 못한다면 너희는 결국 '나'라는 실체가 아닌, 나에 의해 투영된 개념들 즉, 나의 그림자에 대해서만 이야기하고 있을 뿐이다.

그 어떤 객관성, 상식, 중론이라 할지라도 그것들은 오직 나에 의해 존재할 수 있고 나로 인해 의미를 가질 수 있다는 자각이 깃들여져야 그것들은 비로소 진정한 객관성, 진정한 상식, 진정한 중론이 될 수 있다.

깨달음이란 그러한 개념과 논리와 규정들이 나로 인해 만들어지는 그림자와 같은 것임을 통찰하는 것이다. 깨달음은, 그림자를 포함한 모든 실재를 이루고 있는 실체가 바로 '나' 자신이라는 진실 중의 진실을 자각하는 것이다. 그러나 너희는 지금껏 내 그림자 만들어 내기, 남의 그림자 밟기 놀이만 하면서 시간을 허비해 왔다.

그러니까 아무리 근사하게 깨달음을 말한다 할지라도 그것은 결국 깨달음에 관한 개념, 깨달음의 그림자에 불과하다는 말씀이군요. 그리고 진정으로 알아야 할 것은 그러한 개념과 그림자는 바로 '나'에 의해 만들어지고 존재한다는 사실을 인식하는 것이고요.

그렇다. 너희는 자신의 실체도 인정하지 않으면서 그 허깨비를 통해 실체를 알려 하는 어리석은 짓을 하고 있다.

그럼 깨달음이란, 모든 개념과 규정들을 만들어 내는 것이 바로 우리 자신임을 아는 것입니까?

너는 그러면서 지금 또 깨달음에 대한 개념과 규정을 만들고 있구나.

……그렇군요. 도가도 비상도란 말이 이제야 조금 이해되는 것 같습니다.

결국, 깨달음이란, 규정된 어떤 상태나 경지가 아니라 그런 상태나 경지를 규정짓는 주체가 '나'임을 항상 자각하는 것이군요. 그리고 그런 정의와 규정을 내가 지금 만들어 내고 있습니다. 됐나요?

조금 낫구나. 깨달음뿐 아니라 너희 삶의 모든 주제에서 진정한 주체는 대상이 아닌 바로 '나' 자신임을 아는 것이 중요하다. 깨달음에 대한 사람들의 오랜 오해와 착각으로 인해 깨달음이란 단어 자체가 이미 어떤 상태나 경지를 나타내는 말이 되어버렸다. 그러니 너희는 이제 깨달음을 얘기할 때 그 단어 속에 내포된 경지나 상태 같은 개념들을 완벽히 지워버려야 한다. 다시 한 번 말하지만 깨달음은 성취하거나 도달해야 할 경지나 상태가 아니다.

잘 알겠습니다. 깨달음을 말할 때 우리는 석가모니 부처님을 떠올리지 않을 수 없습니다. 그럼 석가모니 부처님이 얻은 깨달음은 어떤 깨달음입니까?

네 말대로 깨달음을 얘기할 때 우리는 불교를 떠올리지 않을 수 없다. 그리고 그러한 불교를 있게 한 석가모니 부처님을 생각하지 않을 수 없다. 왕자의 신분으로 태어나 부귀영화를 누릴 수 있음에도 불구하고 오랜 구도와 고행 끝에 결국은 깨달음을 얻었다는 그분 말이다.

그렇다면 부처님이 고생 끝에 얻은 깨달음은 과연 무엇이었을까? 전지한 지혜와 전능한 힘이 생겨난 것일까? 아니면 황홀한 의식 상태와 열락의 기쁨을 갖게 된 것이었을까?

아니다. 부처님이 보리수나무 밑에서 깨쳤던 건 다름 아닌, '나를 그토록 힘들게 했던 그가 바로 나 자신이었다'는 자각이었다. 그 순간 부처님은 처음으로 자신을 통해 자기의 생각들을 보게 되었던 것이며, 지금껏 자신의 생각을 통해서 자신을 보던 몰지각의 깊은 잠에서 깨어난 것이다.

"맙소사! 지금껏 이러한 고생을 하게 한 것이 다름 아닌 나 자신이었다니!"

그는 기가 막혔고 실소를 머금지 않을 수 없었다. 부처님은 비로소 자신을 깨우친 것이다. 너무도 어처구니가 없어 부처님은 근 40일 간을 자신이 얻은 깨우침에 대해 생각해 보고 또 생각해 보았다.

그리고 그는 결국 이러한 결론에 도달하게 된다.

"모든 것은 내 마음 안에 있는 것이며, 내 마음먹기에 달린 것이다."

그는 과거의 모든 일을 회고하고 현재의 상황들을 둘러보았다. 그리고는 깊은 회의에 빠지게 된다.

"세상의 모든 중심에는 신이 아닌 내가 있다. 그러나 과연 사람들이 이 사실을, 이 진실을 받아들일 수 있을 것인가? 이 깨우침을 사람들에게 전해 주고 싶은데, 과연 사람들이 나와 같은 노력을 할 수 있을까? 나는 깨우침의 길을 가리킬 수 있을 뿐, 깨우침은 사람들 스스로에게서 일어나야 하는데, 과연 사람들이 나의 가르침을 받아들여 나와 같은 길을 걸을 수 있을까?"

그는 고개를 저었다. 그리고 부처님이 그런 마음을 먹었을 때, 앞서간 영적인 스승들이 나타나 그에게 조언해준다.

"단 한 명의 깨우침을 위해서라도 그대는 만 명에게 가르침을 전해야 한다. 만 명 중에 구천 명은 그대의 말을 무시할 것이고, 천 명은 그대의 가르침에 귀를 기울일 것이다. 이 천 명에게 가르침을 전하라. 천 명 중에 구백 명은 듣기만 하고, 백 명은 그대의 가르침을 따를 것이다. 이 백 명에게 가르침을 전하라. 백 명 중에 구십 명은 그대의 가르침을 생각하는 데 그칠 것이고, 열 명은 노력할 것이다. 이 열 명에게 가르침을 전하라. 이 열 명 중에 한 명이 도달할지 모른다. 이 한 명을 위하여 그대는 만 명에게 가르침을 전해야 한다."

그렇군요. 과거 조사들이 깨우침을 얻었을 때 "속았다!"라고 이구동성으로 외쳤다고 하는데, 그 또한 부처님의 경우처럼 자신에게 속았다는 뜻입니까?

그렇다. 큰 사찰의 나한당엘 가보면 그곳에 있는 나한들의 모습은 하나같이 즐거움에 겨워 함박웃음을 짓는 형상을 하고 있다. 그리고 그 옆에는 웃다 지친 나머지 미소로 휴식을 취하고 있는 부처님을 볼 수 있다.

과거 조사들이 깨치는 순간을 살펴보아도 한 분 빠짐없이 무릎을 치고 웃음을 터뜨린다. 그 어느 곳에도 심각함을 찾아볼 수 없다. 심지어 깨닫고 난 후의 일부 선사들의 행적을 살펴보면, 그야말로 상상을 초월하는 우스꽝스러운 기인의 행각을 펼치기도 한다. 왜 이 같은 일이 벌어질까? 깨달음은 코믹한 해프닝일까? 그들은 이구동성으로 말한다.

"속았다. 정말 감쪽같이 속았다. 세상에 이럴 수가!"

누가 이들을 속였을까? 그것은 부처도 아니고 깨달음도 아니고 경전도 아닌, 바로 자기 자신이었다.

그렇군요. 부처님께서 자신의 생각을 통해 자신을 보던 몰지각의 깊은 잠에서 깨어나 나를 통해서 나의 생각을 봤다고 하셨는데, 여기에 대해서도 자세히 말씀해 주시기 바랍니다.

한 가지 우화를 얘기해 주도록 하마.
어느 달 밝은 밤에 한 할머니가 집 마당에서 열심히 무언가를 찾고 있었다. 그러자 지나가던 객이 할머니에게 물었다.
"할머니, 이 밤에 무엇을 그리 열심히 찾으시나요?"
할머니가 말하길, "방에서 바느질하다가 바늘을 잃어버렸는데 도무지 방 안이 어두워서 바늘을 찾을 수 있어야지, 그래서 달 밝은 마당에 나와서 지금 바늘을 찾고 있다오."

방은 마음을 상징한다. 바늘은 깨우침이다. 방 바깥은 어디인가? 생각의 세계이다. 바깥에서 바늘을 찾아야 하고 찾겠다고 생각한 것은 누구인가? 할머니이다.

석가모니 부처님은 깨달음을 얻기 위해 7년 동안 설산에서 고행했다고 한다. 석가모니 부처님의 고행 7년은 바깥에서 바늘을 찾겠다는 할머니가 보낸 시간과 다를 바 없었다. 그는 생각 속에서 깨달음을 찾고 진리를 찾고 도를 찾았던 것이다. 그리하여 그는 단식도 하고 호흡도 하고 요가도 하고 명상도 하였다. 그렇게 7년이 지난 어느 날 석가모니 부처님은 문득 깨달았다.

"내가 지금 무슨 짓을 하고 있는 것인가? 지금 이 모든 행위는 누가, 왜, 무엇을 위해 하는 것인가? 나는 무엇이 부족하여 깨달음을 얻으려하며, 나는 무엇을 깨달음으로 알고 있으며, 나는 무엇을 수행이라고 생각하는 것인가? 누가 나를 부족하다고 하고 누가 나에 대해 불만족하고 누가 나에 대해 불평하고 있는가? 그것은 바로 '나'이다.

나를 부족하다고 생각한 것은 내 생각이 만든 도였다. 나에게 불만족한 것은 내 생각이 믿고 있던 진리였다. 나를 불평한 것은 내 생각이 설정한 깨달음이었다.

그렇다. 지금까지 나를 미망에 빠트리고 나를 괴롭힌 주범은 나 스스로 만들어 낸 도와 진리와 깨달음이었구나. 그러니 나는 이제부터 내 생각 속에서 만든 것들로 나 자신을 괴롭히고 구속하지 않으리라."

모든 것은 내 마음이 만든 생각이며, 모든 것이 내 마음에 달려 있다는 일체유심조의 자각이 바로 너희가 잃어버린 바늘이다. 이 진실을 너희는 지금까지 마음 밖에서, 방 밖에서 찾고 있었다. 그리하여 너희는 경전에서 진리를 찾고 산에서 도를 찾고 수행에서 깨달음을 찾고 있는 것이다.

경전과 계율, 수행

부처님의 깨달음이 '일체유심조'란 한마디 말로 간단하게 말할 수 있는 것이라니 선뜻 믿기질 않습니다. 그럼 부처님이 남기신 많은 경전, 예를 들어 반야심경 같은 경전은 모두 일체유심조만을 말하는 것입니까?

반야심경은 관자재보살이 이러이러한 이치를 깨달아 자유를 얻었다는 것을 부처님이 제자인 사리자에게 말하는 내용이다.

"관자재보살이 만물의 실상을 가만히 살펴보니 실체라고 딱 부러지게 말할 수 있는 것이 없고, 모든 것이 그저 일시적인 현상에 불과한 것이라는 것을 깨달았다. 그러니 사리자야, 있다는 것이 없다는 것과 다르지 아니하고, 없다는 것이 있다는 것과 다르지 아니하다. 있음이 곧 없음이고, 없음이 곧 있음이다."

자, 생각해 보자. 모든 것이 허공에서 잠시 나타났다가 허공 속으로 사라지는 것은 당연한 이치인데 여기에 무슨 심오한 뜻이 담겨 있을까? 모든 것이 허공 안에서 생성되고 소멸할 뿐인데 두 현상이 근본적으로 다를 것이 있을까? 이것은 지극히 상식적인 이야기이다.

단지 우리가 현상에 잠시 머무르며 있음의 관점을 통해서 보니, 있음의 형태를 갖추지 않은 것을 없음이라 칭하게 된 것이고, 또한 그런 관점에서 있음의 형태를 잃어버리는 과정을 사라진다, 죽는다, 소멸한다, 끝난다…… 이렇게 생각한다는 것이다. 이렇듯 실제로는 자신의 관점이 문제이지 관점을 통해 보는 현상과 형상에 문제가 있는 것이 아니다.

관점은 바로 자신의 고집이기도 하다. 형태라는 고집, 존재라는 고집, 나라는 고집……. 하지만 이 고집이라는 관점을 통해서 보는 세계는 그 무엇이 되었든 올바른 실상이라 할 수 없다. 그것은 고집에 의해 왜곡된 상대성의 세계에 불과하다. 고집은 항상 한쪽에 치우쳐 있기에 그것에 반하는 상대성을 가진다. 그래서 있다, 없다, 옳다, 그르다, 맞다, 틀리다…… 라는 치우침이 생긴다.

이렇게 얘기해도 이해하지 못하는 사리자에게 부처님은 또 말한다.

"색불이공 공불이색 색즉시공 공즉시색! 있음과 없음이 둘이 아니니 있음이 곧 없음이요 없음이 곧 있음이다."

이 말은 결국 '있다는 생각도 내가 만드는 것이요, 없다는 생각도 내가 만드는 것이다. 그러니 그것이 같다는 생각도 내가 만드는 것이요. 그것이 다르다는 생각도 내가 만드는 것이다.'란 뜻이다. 드러난 현상을 말하는 것이 아니라 그것을 바라보고 규정짓는 주체가 바로 자신임을 말하는 것이다.

부처님은 또 구구절절이 말한다.

"사리자야, 법의 성품이란 나지도 않고 없어지지도 않으며, 더럽지도 않고 깨끗하지도 않으며, 늘지도 않고 줄지도 않는다. 그러므로 공 가운데에는 물질도 없고 느낌과 생각과 지음과 의식도 없으며, 빛과 소리와 냄새와 맛과 감촉과 법도 없으며, 눈의 경계도 없고 의식의 경계까지 없으며, 무명도 없고 무명이 다함도 없으며, 늙고 죽음도 없고 또한 늙고 죽음이 다함까지도 없으며, 괴로움과 괴로움의 원인과 괴로움의 없어짐과 괴로움을 없애는 길도 없으며, 지혜도 없고, 그러므로 얻은 것 또한 없다. 얻을 것이 없는 까닭에 보살은 이러한 지혜를 깨달아 마음의 걸림이 없고, 걸림이 없으므로 두려움이 없어서 뒤바뀐 헛된 생각을 떠나 완전한 열반에 들어가는 것이다."

누가 이 모든 것을 말하고 규정하는가? 그것은 바로 '나'이다.

사리자는 당시엔 이 말을 깨닫지 못했지만, 오랜 세월을 두고 자신을 참구한 끝에 반야심경의 이치를 터득한다. 그는 죽기 직전에 깨달음을 얻었고, 그가 마지막으로 한 행동은 스승인 부처님을 향해 절을 하는 것이었다. 결국, 반야심경의 이치라 함은 자신이 바로 반야심경이라는 진리이다. 자신의 마음 안에 진리가 있다는 것이다.

너희가 무언가를 배운다는 것은 자기 자신이 더욱 성장하고 성숙한다는 의미이다. 그러므로 너희에게 주어지는 모든 지식은 다 자신을 위한 것이다. 세상에 온갖 부귀영화와 옥토낙원이 존재한다고 해도 누리고 즐길 수 있는 내가 없다면 그것들은 아무 소용이 없다. 내가 존재하지 않는다면 우주의 탄생도 신의 존재도 아무 의미가 없다. 부처, 예수, 깨달음이라는 것도 다 내가 있기에 의미를 가진다. 내가 있기에 그 모든 것이 존재하는 것이다.

사람들은 경전을 말하고 반야심경을 말하지만, 그 뜻을 종이에 쓰인 글자에서 찾으려 한다. 그러나 자신의 마음에 경전을 담아 거기에 생명을 불어넣고 위대함을 불어넣는 너희 자신들이야말로 진정 위대한 존재이다. 그러므로 진정한 경전, 진정한 반야심경은 종이쪽지에 쓰여 있는 글자가 아닌, 너희의 마음속에서 살아 숨 쉬어야 한다.

세상엔 수많은 종교와 더불어 다양한 경전들이 있습니다. 그렇다면 그러한 경전들의 요체는 무엇이며 경전을 대하는 우리의 자세는 어떠해야 합니까?

네 말대로 세상에는 헤아릴 수 없이 많은 종교와 다양한 경전들이 있다. 기독교의 성경, 불교의 불경, 이슬람의 코란, 힌두의 우파니샤드, 단군의 천부경……. 하지만 이러한 종교와 경전들은 어디서 나왔으며 어떻게 만들어진 것일까? 그것들은 모두 사람의 마음에서 나온 것이며 마음에 의해 만들어진 것이다.

모든 경전은 원론적으로 마음에 관한 이야기를 하고 있다. 마음 씀씀이, 마음 됨됨이, 마음 가꿈이, 마음 지킴이…… 온통 마음에 관한 이야기들뿐이다. 그러므로 경전이 가리키고 있는 것은 바로 나 자신이며 나의 마음이다. 내가 있어 내 모습이 거울에 비치듯 거울에 비친 나의 모습은 나에 의해 존재할 수밖에 없다.

거울에 비친 나의 모습, 즉 경전이 존재할 수 있는 것은 바로 내가 존재하기 때문이다. 이러한 이치에 의해 모든 만물 또한 내 마음의 반영이며,

세상에 존재하는 모든 도, 법, 이치, 진리가 모두 거울에 비친 나의 모습이다. 그러니 이러한 것들은 스스로 존재하는 것이 아닌 오로지 나에 의해, 나로 인해 존재할 수 있는 것들이다. 나는 거울이 없어도 존재하지만, 거울에 비친 나의 모습은 나 없이는 존재할 수가 없듯이 말이다.

그러나 사람들은 자신은 알려 하지 않고 거울에 비친 자신의 모습에 마음을 빼앗기고 있다. 그리하여 신을 숭배하고, 도를 찾으며, 이치를 꿰고, 진리를 쫓는 어리석은 일들을 벌이고 있다. 모두가 나에 대해 알지 못하고 나를 알려고 하지 않아서 생기는 일들이다. 나를 자각하는 것이 곧 도이자 이치요 법이자 진리가 될 수밖에 없는 너무나 당연한 이유가 여기에 있다.

옛말에 "만 권의 책은 가짜로 전하고 한마디의 말은 진짜로 전한다."는 말이 있다. 이 말은 책들에 쓰인 내용은 다 가짜이고 진짜는 말 한마디에 따로 있다는 뜻이 아니다. 사람들이 자신을 스스로 변화시키려 하지 않고 자기 생각 속에 틀어박혀 책이나 경전, 가르침 등을 휘적거리고 있을 때, 만 권의 책과 만 권의 경전, 수많은 가르침은 무용지물에 불과하다는 것을 지적하고 있다.

한마디의 말은 진짜로 전한다……. 자기의 생각 속에서 빠져나와 열려 있는 마음이 될 때, 그는 한마디의 살아있는 가르침을 들을 수 있다. 그 가르침은 열려 있고자 하는 자신의 노력을 통해 외부의 스승으로부터 전해 들을 수도 있으며, 열려있는 마음의 진실을 통해 내면의 소리로 들을 수도 있다.

진리는 말과 글과 경전에 있는 것이 아니다. 이러한 것들을 성장의 기치로 삼을 수 있는, 열려 있는 마음에 있는 것이다. 자신을 자신의 마음 안에 가두어 놓고 아무리 이 공부 저 공부를 찾아다니며 붙잡고 있다고 한들, 어찌 대자유의 위대한 진리를 깨칠 수 있겠느냐. 자신의 마음이 닫혀 있을 땐 온 세상이 다 어둡고, 자신의 마음이 열려 있을 땐 티끌 하나도 밝게 빛나는 법이다.

잘 알겠습니다. 그럼 또 질문하겠습니다.

경전에는 수많은 계율과 수행의 방편들이 적혀있습니다. 하지만 그 많은 계율과 수행의 방편들은 모두 지키기도 어렵고, 무엇이 참된 수행인지도 우리는 제대로 알지 못합니다. 계율과 수행에 대해서도 우리가 어떤 자세를 가져야 하는지 말씀해 주시기 바랍니다.

부처님의 출신인 석가족이 거주하던 지역은 네팔과 인도의 국경 부근에 있는 한 지방인데, 현재의 지명으로는 우타르프라데시의 북방이다. 부처님은 석가족의 수도인 카필라바스투에서 출생하였으니 정통 인도인이라기보다는 네팔인에 가까웠다고 하는 학설이 있다. 현재 인도인의 조상인 당시 아리안족은 말을 타고 다니지 않았는데, 석가족은 말을 타고 다니던 기마민족이었다는 기록이 이를 뒷받침하고 있다.

내가 이런 이야기를 하는 이유는, 석가모니의 출신부터도 우리는 제대로 알지 못한다는 것이며, 따라서 부처님의 말씀을 기록했다는 불경도 전적으로 믿을 바가 못 된다는 것을 말하고자 함이다. 이는 불경뿐 아니라 모든 종교의 경전들이 마찬가지다.

인도에서 시작해 티베트와 중국을 거쳐 한국에 전해지는 동안 불경은 원래의 가르침과 많이 멀어졌다. 불경의 내용을 조금이라도 유심히 살펴본다면 설마 부처님이 그런 말을 했을까 싶은 구절이 너무나 많다.

계율 또한 마찬가지다. 비록 부처님의 가르침이 수많은 경전에 수많은 다른 문구로 기록되어 있지만, 모든 경전에 나타난 부처님의 공통된 가르침의 요체는, 모든 것이 나의 마음에 있음을 강조하고 있다. 이는 불교의 대표적인 경전인 금강경, 화엄경, 법화경, 능엄경, 그리고 반야심경에도 잘 나와 있다.

그런 부처님이 새삼스럽게 제자들에게 이것을 하지 마라, 저것을 하면 안 된다, 이것을 지켜라, 저것을 따르라…… 하는 식의 주입식 교육을 하셨을 리 만무하다. 더군다나 그것을 계율로 정하여 제자들로 하여금 이를 지키고 따르게 했다는 것은 전혀 앞뒤가 맞지 않는 이야기이다. 만일 실제로 부처님께서 그렇게 계율을 강조했다면, 임종을 앞두고 자신의 제자들에게 남긴 유언도 그러한 계율이 됐을 것이다. 하지만 부처님의 최후 가르침은 계율이 결코 아니었다.

부처님의 마지막 유언, 자신의 마음만을 의지하여 공부를 해나가라는 자등명自燈明과 자신의 마음을 깨우친 자각을 등불 삼아 성장해 나가라는 법등명法燈明이었다. 결국, 불교와 불경 속의 이러한 모순은 부처님을 따르는 후세 사람들의 자기식대로의 관점과 해석 때문에 본래의 가르침이 왜곡되었기 때문이다.

수행 또한 마찬가지다. 능엄경은 부처님이 제자들에게 실질적인 공부 방법과 수행방법을 일러주고 있는 경이라 하여 불교에서 상당한 비중을 차지하는 경이다. 우선 능엄경이 생겨난 배경은 이렇다.

부처님의 가장 가까웠던 제자 중의 한사람인 아난은 호남형의 잘생긴 남자였던 모양으로 인근 처녀들에게 인기가 높아, 그가 탁발을 나가면

서로 음식을 보시하려고 아가씨들이 큰 경쟁을 벌였다고 한다.

어느 무더운 여름날, 아난이 탁발을 마치고 돌아오는 길에 우물에서 물을 긷고 있던 기생의 딸인 마등가를 만나 물을 얻어 마신 것이 인연이 되어, 마등가는 아난에게 미칠 듯이 반해 마술사인 그녀의 모친에게 마법으로 그를 유혹해 인연을 맺게 해달라고 간청한다.

그녀 엄마의 마법에 걸려든 아난이 몽유병자처럼 마등가의 집으로 찾아갔을 때, 부처님이 신통력으로 이 상황을 꿰뚫어 보고 마법을 멈추게 해 그를 구해 낸다.

마등가가 이튿날 기원정사로 찾아와 계속 아난을 따라다니면서 구애를 함에 부처님이 그녀를 불러 아난의 어디를 사랑하느냐고 물으니, 아름다운 눈, 복스러운 코, 부드러운 입술, 맑은 목소리, 고상한 자태 등 아난의 모든 것을 사랑한다고 답한다. 이에 부처님은 아난의 눈에서는 눈물이 흐르고 코에서는 콧물이 나오며 입에서는 침이 흐르고 몸의 온갖 곳은 구정물로 가득 차 있는 영상을 마등가에게 보여주며 감각적 아름다움이 허상임을 밝히고 그녀를 타일러 불도에 귀의할 것을 권한다.

크게 깨우친 마등가는 그 자리에서 머리를 자르고 비구니가 되었는데, 열심히 수도해 아난보다도 먼저 도를 깨쳤다고 전해진다. 그러나 아난은 지식만을 숭상하고 도력이 없었기에 자신이 이 지경에 이르렀다고 자책하며 부처님에게 성불할 수 있는 구체적인 방편을 알려달라고 청하는데, 이리하여 부처님이 아난에게 구체적인 수행 방법을 일러주었다는 내용의 가르침이 바로 능엄경이 탄생하게 된 배경이다.

능엄경의 내용 또한 방대하다. 하지만 당시 부처님이 아난에게 전한 가르침은 복잡하고 방대한 것이 아니었다. 그 이유는 능엄경의 몇 줄에 이미 부처님의 핵심 가르침이 다 나오기 때문이다. 여기엔 더 이상의 부연 설명이 필요치 않다.

아난이 계속해서 자신은 탐욕의 노예가 되었고 음욕의 종이 되었다고 자책하고 부끄러워하자 부처님은 아난에게 이렇게 말한다.

"아난아, 네 자신을 탓하지 마라. 너의 근본 마음자리는 상주불변한 진실한 마음이고常住眞心, 너의 근본 마음자리는 본성이 청정한 지혜광명이다性淨明體."

여전히 말귀를 못 알아들으며 수행을 통하여 경지에 이르는 방법을 일러달라는 아난에게 부처님은, "그러한 경계나 경지는 규정되어 있지 않고 정해져 있는 것이 아닌, 항상 내 마음속에 있는 것이다諸法不牢固 常在於念中. 이를 깨우친다면 그러한 경계와 경지에 대한 망상, 관념이 사라지는 것이다已解見空者 一切無想念."라고 말한다.

부처님은 거듭해서, "모든 만법이 일어난 것은 내 마음 분별의 모습이 나타난 것이며諸法所生 唯心所現, 일체인과一切因果와 세계미진世界微塵까지도 내 마음을 자체로 해서 이루어지는 것이다因心成體."라고 능엄경에서 밝히고 있다.

모든 경전이 내 마음의 반영일진데 경전의 해석을 놓고 수많은 논쟁이 벌어지는 이유는 무엇입니까?

사람들은 음식에 대하여 참으로 다양한 입맛을 가지고 있다. 사람마다 선호하는 음식이 다르고, 같은 반찬이라도 그 반찬을 요리하는 방법이 다르며, 요리하는 양념도 다르고 간 또한 제각기 다르다.

사람들이 진리에 대하여 많은 견해와 생각을 내는 것이 이 음식과 크게 다르지 않다. 같은 음식이라도 요리하는 사람의 기법에 의해 다양한 맛을 선보이듯, 진리는 설하는 사람에 의해 다양한 방법과 방식으로 사람들의 감성과 영성을 북돋아 왔다.

그러나 모든 사람이 훌륭한 맛이라고 공감하는 요리도 어떤 사람들에게는 전혀 입맛에 맞지 않는 경우도 있으며, 어느 한 사람의 독특한 미각은 오로지 그 자신에게만 국한되는 지극히 개인적인 입맛을 만들어 낼 수도 있다. 그리하여 사람들은 자신이 선호하는 음식이 다르다 하여 상대방과 대립하기도 하고, 같은 음식이라도 양념이 틀리다 하여 이견이 생기기도 하며, 같은 양념을 쓴다고 해도 음식의 간과 양념의 양을 놓고 다툼을 벌이기도 한다.

하지만 음식이 존재하는 궁극적인 목적은 음식의 다양성과 독창성에 있는 것도 아니고 음식의 요리법에 있는 것도 아니다. 더욱이 음식이 관상용으로 전락하여 구경거리나 숭배대상이 될 수도 없으며 실험용으로 연구의 대상이 되는 것도 우스운 일이다. 음식은 그저 단순히 먹기 위해 존재하는 것이다.

진리가 이러하다. 진리는 여러 말을 필요로 하는 것이 아닌, 오로지 체득되는 것이다. 어떤 종류의 음식이든 그것이 먹기 위해 존재하듯, 진리는 우리의 성장을 위하여 어떠한 방식이든 그것을 체득하는 데 있다. 진리는 관상용으로 유리관 진열대에 가만히 모셔져 있는 음식과 같이 경전이라는 포장된 책 속에 처박혀 있는 것이 아니다.

누구도 먹는 음식을 숭배대상으로 삼는 어리석은 일을 범하지 않듯, 진리가 우상으로 둔갑하여 숭배의 대상이 되고 연구의 대상이 되고 논쟁의 대상이 된다는 건 말이 안 된다.

지금도 어른들이 아이들에게 종종 하는 말이 있다. "먹는 것 갖고 장난치지 마라." 그러니 너희는 먹는 것 갖고 장난치지도 말고, 반찬 타박하지도 말고, 뭐든지 잘 먹는 착한 어린이가 되어야 한다. 그래서 어서어서 쑥쑥 자라나 훌륭한 어른으로 성장해 나가기 바란다.

바로 '신'이라는 어른으로 말이다.

연기법과 일체유심조

연기법緣起法은 불교의 핵심 교리 중의 하나입니다. 불교에서는 연기법을 아는 것이 부처님을 바로 보는 것이라고까지 말을 합니다. 그리고 스승님께서는 일체유심조를 말씀하십니다. 그렇다면 연기법은 어떤 것이며 연기법과 일체유심조는 어떤 관계입니까?

일체유심조는 법이 아니다. 그리고 당연히 계율도 아니다. 모든 것의 원인과 결과, 그리고 그 중심엔 마음이 있고 그 마음의 주인은 바로 '나'라는 진실을 표현하는 말이 일체유심조이며, 그러한 진실을 알아차리는 것이 '자각'이다.

불교에 동업중생同業衆生이라는 말이 있다. 말 그대로 같은 시대 같은 공간 안에 사는 사람들을 일컫는 말이다. 시간이 맞지 않으면 시대가 달라지고, 공간이 맞지 않으면 세계가 달라지며, 의식이 맞지 않으면 차원이 달라지는 법이니, 시대도 맞고 공간도 맞으며 의식도 맞는 우리야말로 진정한 동업중생이라고 할 수 있다.

연기법이란, 모든 존재는 원인에 의해서 결과가 있게 된다는 인과因果의 법칙, 모든 존재는 혼자서 연기하는 것이 아니라 인과 연에 의해 그리고 인과 연이 서로 화합하여야 한다는 인연화합因緣和合의 법칙, 세상의 모든 존재는 혼자서 살아가는 것이 아니라 서로 의지하고 서로 관계되어 있다는 상의상관相依相關의 법칙, 그리고 이러한 연기의 법칙이나 진리들은 누가 만든 것이 아니라 본래 이 우주 법계에 존재한다는 법주법계法住法界의 법칙 등을 나타내는 불교의 교리이다.

사실 이런 이야기는 하나 마나 한 이야기이고 너무나 뻔한 내용이다. 하지만 전통과 경전에 남다른 애정이 있는 너희를 위해 쉽게 요약하자면, 내가 불편하면 남도 불편해지니 내가 편안해야 남도 편안해지고, 내가 불행하면 남도 불행해지니 내가 행복해야 남도 행복해지고, 내가 잘못되면 남도 잘못되는 것이니 내가 잘되어야 남도 잘되는 것이고, 나의 실패는 남의 실패이기도 하니 나의 성공은 곧 남의 성공이기도 하다는 이야기이다. 왜냐하면, 우리는 한 시대, 한 공간에 같이 사는 동업중생이자 인연공동체이기 때문이다.

자, 그렇다면 이왕 말이 나온 김에 지금부터 연기법에 관한 진실이 어디에 있는지 살펴보기로 하자.

부처님께서는 아함경에서 이렇게 말씀하셨다.

"이 세상에서 벌어지는 모든 일은 신의 뜻도 아니고 운명적인 것도 아니며 우연도 아니다. 오로지 연기緣起일 뿐이다."

연기란 무엇일까? 연기라는 말은 법이라고 거창하게 이름 붙일 것도 없는, 그저 나타났다가 사라지는 일시적인 현상을 두고 말하는 것일 뿐이다. 하나의 해프닝에 불과하다는 것이다. 그러므로 부처님이 연기법에 대해 설한 이유는, 물질계의 현상에 대한 오묘하고 심오한 법칙을 밝혀 주려는 의도라기보다는, 물질계에서 일어나는 일들과 물질적으로 연계된 일반 범부 중생들의 삶은 큰 의미가 없다는 것을 깨우쳐 주기 위함이었다.

이런 부처님은 관점은 "이 세상 모든 것들이 꿈속의 물거품과 같다.一切有爲法 如夢幻泡影"는 금강경의 구절에도 잘 나타나 있다. 사회학적인 측면에서 이런 부처님은 극단적인 비현실주의자이고 몽상가로 해석될 수도 있겠지만, 한순간에 수백 명이 사고로 목숨을 잃고 한순간에 단 한 명의 살인마에 의해 수십 명의 생명이 초개와 같이 사라지는 작금의 현실만 보더라도 이런 부처님의 관점에 이의를 제기할 사람은 아무도 없을 것이다.

냉엄한 현실은 말한다. 인생은 결코 장황하지도 하고 영구하지도 않고 심오하지도 않은 무상한 것이라는 것을. 사람들은 자신의 삶을 두고 운명이니 숙명이니 열거하며 주역, 사주팔자, 풍수지리, 관상 등 수많은 설정과 의미를 두어, 마치 인생에 거대한 청사진이 담겨 있는 줄 착각하고 있지만, 부처님의 지적대로 나의 현실은 한순간 빛을 발하다 사라지는 불꽃의 신세와 같다.

인생은 연기緣起이다. 말 그대로 잠시 피어오르다가 사라지는 연기煙氣와 같다. 부처님뿐만 아니라 지상을 거쳐 간 수많은 성자는 이구동성으로 말한다. 인간의 삶은 신기루와 같고 꿈과 같고 환영과 같다고. 그러면 이들이 이렇게 말하게 된 정신적인 배경은 무엇일까? 바로 이 점이 공부의 가장 중요한 핵심이다. 나는 누구이며 나의 진정한 삶은 어떠한 것일까? 하는 대명제 말이다.

물질 세상이 꿈처럼 느껴지고, 물질 세상이 환영에 불과하며, 육체적인 내가 착각에 불과한 것이라고 모든 성자가 느꼈던 이유는 무엇일까? 그들이 그렇게 느꼈던 이유는, 그들에겐 '신적인 나'에 대한 자각이 있었기 때문이다.

"나는 한순간에 스러져가는 육체적인 삶에 귀속된 존재가 아니며, 나의 삶은 한순간 반짝하는 하루살이의 삶이 아니다. 나는 그 어느 곳에도 귀속됨 없이 그 어떤 것에도 생명을 불어넣어 그것을 존재케 하는 대자유의지이다. 이것이 바로 나의 정체성이다."

그들은 이러한 신적인 나에 대한 자각이 있었다. 그래서 그들은 자유에서 구속을 보았고, 그들은 무한에서 유한을 보았으며, 그들은 영원에서 순간을 보았고, 그들은 진실에서 꿈을 보았다. 그들에게는 이런 나의 진정한 법신에 대한 자각이 있었고, 그런 법신의 시각으로 세상을 보았기에 그렇게 말할 수 있었던 것이다.

현대과학의 총아라 일컫는 양자역학에서는 양자역학의 개념을 언어로 설명할 때, 기존의 언어체계로는 그것을 제대로 표현하는 데 어려움을 겪는다고 한다.

의상대사는 법성계에 이런 말을 남겼다.

"이름도 없고 모양도 없다. 그리고 무엇이라 말할 수도 없다. 오직 깨달은 지혜로만 알 수 있을 뿐 어떤 말과 생각의 경계가 아니다.無名無相絶一切 證智所指非如境"

　석가모니 부처님이 제자들과의 관계에 있어 가장 불편함을 느꼈던 것도 바로 이러한 깨달음에 관한 의사소통의 문제였다. 그는 인간적으로 매우 탐구심이 많았던 사람이었다. 무엇이든 관찰하고 분석하고 고찰해 보는 것이 습관화된 특이한 유형의 인물이었다.

　결국, 그의 끝없는 탐구심이 종국에 가서는 탐구심을 내는 자신을 탐구하기에 이르게 된다. 그리하여 마침내 부처님은 내가 만들어 낸 생각에 대한 이해가 아닌, 생각을 만들어 내는 나에 대한 이해를 가지게 되었고, 드러난 표면적인 세상에 대한 이해를 넘어 존재의 본질에 대한 이해에 도달하게 되었던 것이다.

　양자역학 또한 이와 다르지 않다. 양자역학은 물리학이 단순히 물질의 표면적인 차원만을 다루는 것이 아니라, 물질의 본질로, 그리고 더 나아가 존재의 본질적 차원까지 과학의 영역으로 다룰 수 있음을 보여 준 놀라운 과학이다. 하지만 그렇다고 해서 양자역학이 존재의 본질을 규명할 수 있다는 말은 아니다. 단지 존재의 본질을 새로운 차원, 새로운 관점으로 인식할 수 있는 이정표가 될 수 있다는 의미이다.

　아인슈타인은 말년에 이르러 자신과 더불어 인간의 사고체계의 한계를 보았다. 그는 말년에 이런 명언을 남겼다.

"우리는 자기가 경험하고 관측한 세계에 의해 만들어진 각기 다른 관점에서 서로 논쟁하고 있다. 여기서부터 우리 인간은 서로 다투고 논쟁하고, 온갖 개념과 사상과 주의를 만들어 전쟁까지 일으키고 있다. 그러므로 우리는 각자가 주장하는 바가 다르다는 것을 먼저 알아야 한다.

우리가 알고 있는 자연이란, 우리가 느껴서 알 수 있는 한계 내에서의 자연이다. 우리가 알고 있는 감관感官에 의해 체험된 사실은 우리의 감관의 한계 속에 있음을 알아야 한다."

다시 말해 자신의 상대성원리 또한 우주의 객관적이고 절대적인 법칙이라기보다는, 나의 오감五感과 육식六識을 통해 내가 경험하는 우주의 법칙에 불과하다는 뜻이다. 즉, 관찰자인 자신이 고정불변하고 확정적인 존재의 상태에 있다고는 확신할 수 없다는 것이다.

말년의 아인슈타인의 이런 폭탄발언은 학계에 커다란 반향을 불러일으켰다. 그리고 그 후 현대의 과학사에 한 획을 그은 또 한 사람의 혜성과 같은 과학자가 등장하는데, 그가 바로 불확정성 원리를 발표한 하이젠베르크이다.

하이젠베르크의 원리는 사실 매우 간단하다. 말 그대로 불완전한 인간의 사고체계에서 나오는 논리들은 마찬가지로 모두 다 불완전하다는 것이다. 그는 이에 대한 과학적 근거로 입자의 위치와 운동량을 동시에 측정하는 것이 근본적으로 불가능하기에 동시에 두 가지를 모두 정확하게 알 수 없다고 말했다. 이처럼 부처님과 마찬가지로 아인슈타인, 하이젠베르크 또한 그들이 새롭게 발견한 과학적 개념을 기존의 언어체계를 통해 표현하는 데 많은 어려움을 겪었다.

'불확정성'이라는 말 또한 의도하는 정확한 의미를 표현하는 데 한계가 있다. 단어가 주는 의미를 그대로 받아들이면, 물질의 기본이 되는 입자가 뭔가 불안하거나 결정되지 않아 안정성이 없는 불확정한 상태에 있다는 것으로만 이해하기 쉽다. 그러나 불확정성은 단순히 미지의 상태를 표현하는 말이 아니다. 하이젠베르크가 말하고자 했던 불확정성은 언제든 적극적인 상태, 확정적인 상태로 전환될 수 있다는 뜻이다.

원자는 평온한 상태가 유지되는 한 모든 선택의 가능성을 향해 열려 있다. 원자는 언제든지 자연이 부과한 모든 속성 중 어느 한 속성을 띨 수 있다. 즉, 원자는 자신이 지닌 모든 가능성의 총합이다. 예를 들어, 원자가 한 가지 가능성을 결정하면, 그 가능성은 바로 현실이 된다. 다시 말해 원자가 어떤 존재형태로 나타나고 결정지을지는 원자 마음먹기에 달려 있다는 것이다.

결국, 하이젠베르크의 인식은, 우리 역시 자기 자신이 지닌 모든 가능성의 총합이며 모든 것이 나의 마음먹기에 달려 있다는 일체유심조의 근본적인 통찰로 이어진다.

그렇다면 많은 사람이 연기법을 알아야 하고, 연기법을 알아야 부처님의 가르침과 불교의 핵심을 아는 것이라고 말하는 이유는 무엇입니까?

말과 개념의 허황한 뜻만 좇기에 그런 것이지.

여기 낫을 들고 있는 사람이 있다. 그에게 어떤 사람이 다가와 'ㄱ'자를 아느냐고 물었다. 그는 모른다고 대답했다. 그러자 물었던 사람이, "어떻게 낫을 들고 있으면서 'ㄱ'자를 모를 수 있느냐." 하면서 그를 다그쳤다. 그러나 낫을 들고 있던 사람은 그저 어리둥절하기만 하다.

"대체 이 사람이 왜 이러는 것일까?"

낫을 들고 있는 사람은 실제로 낫을 가지고 있는 사람이고 실존적으로 낫을 사용하는 사람이다. 그런 사람이 왜 'ㄱ'자를 알아야 하나?

낫을 들고 있는 사람에게 'ㄱ'자를 아느냐고 묻는 사람은 누구인가? 낫에 대해 관념적이고 개념적인 생각만을 가지고 있는 사람이다. 자신의 손에 낫이 쥐어져 있음을 인지하지 못하고 있는 사람이다. 그는 'ㄱ'자는 알지만, 낫은 무엇인지 모르는 사람이다. 인과법, 인연법, 연기법 등 소위 온갖 법을 알아야 하고 법을 깨우쳐야 한다고 역설하는 사람들이 모두 다 이와 같은 부류의 사람들이다.

그 모든 법의 주체가 누구인가? 나이다. 누구에 의해 법이 존재하며 누구에 의해 비롯된 법인가? 당연히 나이다. 그러니 인과법의 주체가 나이고 인연법의 주체도 나이며 연기법의 주체도 바로 나이다.

나는 낫을 들고 있고 낫을 사용하는 자이다. 단지 낫의 개념에 불과한 'ㄱ'자를 굳이 알 필요가 없다. 식자들이 말하는 세상의 이치, 만물의 법칙, 물질의 현상은 모두 이 'ㄱ'자에 불과하다. 알아도 그만, 몰라도 그만이다. 이미 낫을 들고 있고 사용하고 있는 나의 존재 자체가 바로 이치이고 법칙이고 현상이기 때문이다.

석가모니 부처님이 연기법을 설한 진정한 의도는 무엇일까? 바로 연기법의 주체가 나이며 불확정성의 주체가 바로 나의 마음임을 깨우쳐 주고 싶었던 것이다.

불확정성의 원리는 결코 미지의 상태를 의미하는 것이 아니다. 그것은 무경계, 무제한, 구속 없음의 상태이다. 그렇기에 역동적이고 무한한 가능성이 잠재된 상태가 바로 이 불확정의 상태라고 할 수 있다. 원자의 상태가 그러하고, 분자의 상태가 그러하며, 전자의 상태가 그러하고, 소립자의 상태가 그러하며, 양자의 상태가 그러하고, 광자의 상태가 그러하다. 이 모든 것들에 의식이 깃들어 있기 때문이다. 그리고 나의 마음이 그러하다.

세상 만물이 나의 마음으로 이루어져 있고 나의 마음에 달려 있으니, 세상 만물이 생성되고 유지되고 소멸되는 것 또한 불확정적이며 연기적일 수밖에 없는 것이다. 즉, 나의 마음이 불확정적이고 연기적이니 우주가 불확정적이고 연기적으로 펼쳐지는 것이고, 나의 마음이 불규칙적이고 불연속적이니 우주가 불규칙적이고 불연속적인 모습을 띠는 것이며, 나의 마음이 불가측하고 불예측하니 우주를 측정하는 것이 불가능하고 우주를 예측하는 것이 불가능한 것이다.

일체유심조, 모든 것이 나의 마음에 의한 것이며 나의 마음먹기에 달려 있다. 고로 나는 불확정성 원리의 진실이자 연기법의 진실이다.

선과 화두

불교의 오랜 전통 중에 선禪이 있습니다. 한국의 불교 또한 선불교의 전통을 따르고 있다고 하며 지금도 사찰의 선방에서는 많은 승려가 참선에 매진하고 있습니다. 선이란 무엇입니까?

나는 인류 최고의 지혜가 무엇이냐고 묻는다면 서슴없이 불교의 선이라고 말할 것이다. 그 이유는, 선을 통해 우리는 자신을 가장 선명하게 비춰볼 수 있기 때문이다. 선을 통해 나는 깨우치지 못한 나를 볼 수 있고, 선을 통해 나는 깨우치고자 하는 나를 볼 수 있으며, 선을 통해 나는 깨우친 나를 볼 수 있다.

이처럼 선은 어떠한 수행이나 기법을 말하는 것이 아닌, 나 자신을 관조해 보는 거울의 역할을 한다. 그러므로 선을 행한다는 것은 가만히 앉아 참선을 하는 것이 아니라 나를 비춰보는 행위를 하는 것이다.

세상에서 가장 지혜로운 행위는 나를 바라보고 나를 자각하는 일이다. 그러기 위해 바라본 나를 다시 바라보고 자각한 나를 다시 자각하게 하는, 늘 그 자리에서 거울의 역할을 하는 선이야말로 인류 최고의 지혜라 말할 수 있다.

선은 답을 말하지 않는다. 선은 답을 말하는 나를 비춰준다. 선은 이해를 말하지 않는다. 선은 이해를 말하는 나를 비춰준다. 선은 깨달음을 말하지 않는다. 선은 깨달음을 말하는 나를 비춰준다.

한 선의 스승은 이렇게 말했다.

"있음을 버리려 하면 오히려 있음에 빠지고, 공함을 따르면 오히려 공함을 등진다.遣有沒有 從空背空"

이 말의 의미는, 이렇다 저렇다 답을 내리지 말 것이며, 이런 식으로 저런 식으로 정의하지도 말 것이며, 이것이다 저것이다 결정을 내리지도 말라는 것이다. 왜냐하면, 그렇게 될 때 나는 더 이상 나아갈 곳이 없기 때문이다.

답을 내릴 때 나는 답에 갇히게 되고, 정의를 내릴 때 나는 정의에 막히게 되며, 결정을 내릴 때 나는 결정에 부딪히게 된다. 내 안에 이해가 있는 것이지 이해 안에 내가 있지 않기 때문이다.

나는 결코 이해 안의 개구리가 되어서는 안 된다. 선은 이런 나를 비춰

주는 거울이다. 선은 답과 정의와 결정을 보여주고 있지 않다. 오직 나를 비춰주고 있을 뿐이다.

한 학승이 선사에게 물었다.

"스승이시여, 저는 이제 모든 것을 알았고 깨우쳤습니다. 이런 제가 이후에 해야 할 일이 무엇입니까."

선사는 조용히 손가락을 들어 그 학승을 가리켰다.

선을 말할 때 우리는 선문답 즉, 화두를 떠올리지 않을 수 없습니다. 흔히 화두를 타파하여 깨우침을 얻는다고 하는데, 과연 화두란 무엇이며 화두를 타파한다는 것 또한 무슨 의미입니까?

선가에서 화두를 들고 하는 수행법을 간화선看話禪이라 한다. 선사와 선승 간의 대화에서 선승에게 주어진 선사의 가르침을 이해하는 것이 화두이다. 하지만 선승의 논리적인 질문에 선사는 상식적으로 납득할 수 없는 비논리적인 답변을 한다. 과연 선사의 비논리적인 답변에는 무슨 가르침이 담겨있을까? 이것이 화두이다.

화두를 든다, 그래서 화두를 타파한다는 것은 선사의 비논리적인 답변 속에 담긴 논리를 찾겠다는 것이다. 하지만 정작 선사가 화두를 통해 선승에게 전하려 했던 메시지는 무엇일까? 그것은 논리의 실체가 무엇인지를 밝혀주려는 것이다.

논리의 실체란, 논리에 뭐가 있는 것이 아니라 바로 그 논리가 나에게서 나왔고 나로 인해 존재한다는 것을 말한다. 즉, 선사의 비논리적인 답변은 선승들로 하여금 자신의 의문에 대한 출처를 돌아보게 하려는 의

도이다. 그러니 논리가 중요한 것이 아니라 그것이 누구에 의한 논리인가를 아는 것이 중요하다. 의문에 대한 진정한 답은 무엇인가? 그것은 바로 누가 그 의문을 만들었는가를 알아차리는 것이다. 선사들은 이 점을 부각시켜 주기 위해 비논리로 논리를 흔들었던 것이다.

하지만 아직도 많은 선승이 화두 속에서 답을 찾고 있다. 그들은 여전히 자신이 원하는 답을 찾고자 안간힘을 쓰고 있다. 그들은 자신이 왜 화두를 들어야 하는지에 대한 통찰이 바로 화두를 푸는 열쇠가 된다는 것을 알지 못한 채, 계속해서 자신이 만든 논리를 화두 속에서 찾으려 하고 있다.

질문의 허구성을 간파하는 것이 바로 질문에 대한 진정한 해답이다. 질문이 질문을 만들지 않는다. 질문의 허구성을 간파하는 것이란, 바로 내가 질문을 만든다는 것을 아는 것이다. 그래서 해답도 내가 만들 수 있으며 그 해답에 내가 만족할 수도 있고 만족하지 않을 수도 있고, 이해할 수도 이해하지 못할 수도 있다는 것을 아는 것이다.

하지만 이해하는 것도 나이고 이해하지 못하는 것도 나인데, 너희는 이해하지 못하는 나는 진정한 나가 아닌 것으로 받아들인다. 무엇을 안다고 하는 것도 내가 아는 것이고 무엇을 모른다는 것도 내가 모르는 것이다. 알고 모름이 주인이 아니라 그 알고 모름의 주인이 '나'이다. 그런데 사람들은 알고 있는 '나'는 내가 분명한데, 모르고 있는 '나'는 진정한 내가 아니라고 부정한다. 하지만 그것들은 모두 '나'이다. 긍정하는 것도 자기 자신이요, 부정하는 것도 자기 자신이다.

왜 긍정이 주인이 되어야 하고 부정이 주인이 되어야 할까? 긍정은 자기를 인정해 주는 듯하고 부정은 자기를 인정하지 않는 것 같아서 혼란을 느끼는 것일까? 하지만 그 혼란과 답답함도 내가 만드는 것이다. 내가 만들지 않는 것이 뭐가 있을까?

자, 그럼 화두를 타파하는 방법을 알려 줄까? 화두가 날 구속하는 것이 아니라 화두에 걸린 내 마음이 나를 구속하는 것이다. 그러므로 화두를 그냥 내려놓으면 되는 것이다. 화두를 타파한다는 것이 무엇일까? 그것은 화두를 '푼다'는 것이 아니다. 화두에 영향받지 않으면 그것이 바로 화두를 타파한 것이다.

화두에 영향받지 않는다……. 구체적으로 어떤 뜻인지요?

너에게 문제를 하나 내겠다.

여기 병 속에 새가 한 마리 있는데, 병의 입구가 좁아 그 입구로는 새가 빠져나오지 못한다. 너는 병을 깨지도 않고 새를 죽이지도 않고 새를 어떻게 병에서 꺼낼 수 있을까?

음…… 글쎄요……. 아무리 생각해도 답이 생각나지 않습니다. 혹시 새를 오랫동안 굶기면 말라서 혹시 빠져나오지 않을까요? 좀 억지스럽지만…….

하하하, 너답게 아주 경제 논리에 입각한 대답이구나.

자, 그럼 내가 그 새를 병에서 꺼내주마. 병 속에 든 새를 가져오너라.

네? 그런 게 어디 있습니까?

그럼 너는 지금까지 있지도 않은 병 속의 새를 가지고 고민하고 있었 단 말이냐?

……그렇군요. 있지도 않은 병 속의 새를 만들어 놓고 혼자 고민을 하고 있었네요.

바로 그런 것이다.

우리 몸에 가시가 박혔을 때, 그 가시를 빼내기 위해서는 핀셋이 필요 하다. 하지만 실제로 가시는 박혀 있지 않지만, 사람들은 스스로 가시가 박혀 있다고 믿으며 오랜 세월 그렇게 가시가 박혀 있다는 자기최면상태 로 살아간다.

그리하여 어느 때부터 사람들은 애초에 가시는 존재하지 않았다는 진 실을 잊은 채, 핀셋만을 찾기 시작한다. 하지만 핀셋을 찾으려 해도 좀처 럼 찾아지지 않고 어느덧 핀셋의 신기루들만이 난무한다. 핀셋 자체가 신기루인 줄 모르고 말이다.

그때 스승이 묻는다.

"가시는 찾았느냐?"

가시에 대한 존재 여부는 잊은 채, 무조건 빼내야 한다는 생각만으 로…… 핀셋이라는 신기루에 홀려……. 그것을 찾으려 무진 애를 써도 찾 지 못했던 제자는, 스승의 말 한마디에 일순간 가시의 꿈에서 깨어나고 핀셋의 환상에서 벗어난다.

선가에서는 혼미한 의식에서 정신을 퍼뜩 들게끔 큰소리를 치는 '할'이나 몽둥이로 두들겨 패는 '방'이라는 방법이 자주 나온다. 이 모두가 핀셋의 환상에서 벗어나게 하려는, 즉 가시의 꿈에서 깨어나게 해주려는 스승의 의도가 담겨있다. 부처가 되라는 것이 아니고, 이미 부처인 그대가 아직도 중생의 꿈을 꾸고 있다는 것을 일깨우는 불성 유도요법인 것이다.

화두는 고도의 심리적인 테크닉이다. 미로에서 헤매고 있다고 생각하는 사람에게 출구라는 가상의 문을 만들어 놓아, 문에 대한 또 하나의 환상을 가지게 하고는 문에 가까이 다가갈 때, 이내 그 문을 부수어버려, 그것이 둘 다 실제로는 존재하지 않는 마음의 미로이며 마음의 문이었다는 사실을 일깨워 주는 방법이다.

화두는 그렇게 해서 깨달음에 대한 공식 아닌 공식의 형태가 되어버렸다. 그러니 이제 너희는 수백 년 전의 선사와 조사들이 남긴 핀셋과 가시의 게임에 더는 휘말려 들어갈 필요가 없다. 그것보다는 "나는 지금 왜 이 화두를 들고 있는 것인가?" 하며 자신의 마음을 바라보고, 자신의 생각을 바로 보는 그 내적 탐구심이 바로 실질적인 화두의 시작이다. 내 자신에 대해 돌이켜 보는 지금 이 순간의 마음이 진정한 화두의 시작점이다.

이런 화두라는 조사의 핀셋 브랜드, 저런 화두라는 선사의 핀셋 스타일, 모양……. 이러한 것이 중요한 것이 아니다. 원래 가시는 없었다. 가시가 존재하지 않음을 깨달았을 때, 더 이상 핀셋 역시 존재할 필요가 없다. 둘 다 무의미하기 때문이다. 자신의 신성을 자각하고 자신의 불성을 본다면, 그것으로 더 이상 자승자박이라는 자신의 심리 게임의 포로가 되지 않을 것이다.

병 속의 새는 더 이상 갇혀 있지 않다. 병은 실제로 존재하는 것이 아닌, 나 자신의 마음속에서 만들어졌다는 것을 알았기 때문이다. 매트릭스의 가장 큰 맹점은 바로 '나'라고 하는 '자아의 매트릭스'이다.

휴……. 정말 그렇군요. 화두 또한 모든 것이 나와 내 마음 안에서 일어나는 에피소드에 불과한 것임을 알려주는 방편이군요.

"자신의 기억력이 감퇴한 것을 인식하지 못한다면 치매에 해당하고, 기억력 상실을 의식하는 것은 건망증이다."라는 말이 있다.

'병 속의 새'와 마찬가지로 너희는 깨달음과 번뇌, 해탈과 속박, 자유와 구속 등 무수한 개념을 자신이 만들어 놓고선, 정작 그것들을 자신이 만들어 놓은 것이라곤 인식하지 못한 채 그 속에서 헤맨다. 엄밀히 말하자면 너희는 이러한 개념들을 자신이 만들어 놓았다고 인식하지 못하는 것이 아니라 인식하려 들지 않는다.

그런 너희가 하는 일이란 늘 자신들만의 환상여행을 오가는 일이다. 깨달음과 해탈이라는 목적지의 환상을 설정해 놓고 그곳에 도달하기 위해 수많은 환상을 붙잡고 기웃거린다. 자신들이 만들어 놓은 문제를 어처구니없게도 수행이나, 명상, 기공, 참선 등이 해결해 줄 것이라 믿고 있다. 하지만 자신의 문제를 해결해 줄 수 있는 것은 이러한 것들이 결코 아니며, 부처도 스승도, 그리고 신도 아니다. 오로지 자기 자신만이 자신의 문제를 해결할 수 있다. 그것은 자기가 만들어 놓고 자기 스스로 갇혀 버린 자신만의 문제이고 자신만의 경계이기 때문이다.

건망증과 치매 현상은 감당하기 어려운 심리적 고통, 불안에서 벗어나려고 하는 데에 그 원인이 있다고들 한다. 그리하여 사람들은 무엇인가를 찾아 해결하면 회복에 큰 도움이 될 것으로 생각한다. 그러나 심리적 고통과 불안이 어디에서 오는 것일까? 나 없이 그러한 것들이 존재할 수 있을까? 내 도움 없이 그러한 것들이 스스로 만들어질 수 있을까? 다름 아닌 바로 내가 모든 심리적 고통과 불안을 만들어 내고 있다. 그리고 그 것으로부터 벗어나기 위해 지금 몸부림치는 것이다. 하지만 자신이 만들어 놓은 환상은 오직 자신만이 사라지게 할 수 있다. 오직 '나'만이.

잘 알겠습니다. 그렇다면 좀 더 구체적인 질문을 하도록 하겠습니다. 선가의 유명한 화두 중 하나인 '조주끽다거趙州喫茶去'는 어떤 뜻입니까?

당나라 때의 고승이셨던 조주선사는 번뜩이는 선지禪知로 후학들에게 많은 선가귀감을 남기신 분입니다. 조주선사는 많은 선승이 찾아와 깨달음에 대한 가르침을 청하면 늘 "차 한 잔 마시고 가라!"라는 말씀을 하셨다고 합니다.

네 말대로 깨달음과 도에 대한 큰 가르침을 기대하고 선사를 찾아갔던 당시 선승들과 선객들은 조주선사의 이 평범한 한마디에 아연실색할 수밖에 없었다. 거기에는 어떠한 가르침도 법문도 존재하지 않는, 그저 일상적인 안부 몇 마디 묻고는 이렇듯 "차 한 잔 마시고 가라." 는 말이 전부였다. 그러니 사람들은 선사의 이 말에 더 많은 혼동과 혼란을 느낄 수밖에 없었다. 선사의 그 한마디가 도무지 이해할 수 없고, 풀리지 않는 수수께끼가 되어 버린 것이다. 급기야 조주선사의 "차 한 잔 마시고 가라."는 십팔번 멘트는 '조주끽다거'라는 화두로까지 둔갑하게 되었다.

사람들은 자신들이 추구했던 깨달음의 의문에 조주선사의 멘트까지
더해 의구심을 더 깊이 품게 되어 버렸다. 자신의 깨달음에 대한 의문이
해소되기는커녕 점점 더 오리무중의 세계로 빠져들었던 것이다. 하지만
조주선사가 상대방에게 차를 권하는 그 상황에는 그 어떤 묘법이 숨겨
져 있는 게 아니다. 선사는 그냥 편안한 마음으로 상대방이 차 한 잔을
마시길 권했을 뿐이다.

　조주선사는 스스로 자신이 그렇게 편안한 상태에 있었던 사람이다. 그
러나 깨달음을 얻고자 하는 조급한 마음, 견성하겠다는 욕구, 도를 깨쳐
보겠다는 욕망이 그득한 사람들이 그를 찾아왔다. 그들은 무언가 조주
선사에게 받을 것이 있다고 생각했고, 선사가 무엇인가 자신들에게 내주
기를 바랐다.

　하지만 진실로 선사가 그들에게 해줄 수 있는 일이란, 그들의 마음을
안정시키고 진정시키는 일이었다. 편안함은 남이 줄 수 있는 것이 아닌,
자신 스스로 편해져야 하기 때문이다. 선사는 사람들을 이 편안함으로
유도하기 위해 차 한 잔을 권했던 것이다.

　깨달음을 얻고자 하는 마음에 매이고, 해탈하고자 하는 마음에 치이
고, 도를 이루겠다는 마음에 불편하고…… 이렇게 생각으로 수고스럽고
생각으로 짐 진 자들에게 필요했던 것은 바로 그러한 자신들의 욕구와
욕망으로부터 벗어난 마음의 휴식과 마음의 안정이었다. 그러한 자연스
럽고 편안한 상태가 바로 선사가 지향하는 깨달음의 요체였기 때문이다.

　그렇게 단순한 뜻이었군요. 그럼 말 나온 김에 조주선사의 또 다른 화두
인 '뜰 앞의 잣나무'에 대해서도 말씀해 주시겠습니까?

어떤 선방에서는 스님들이 방 안에 요강을 들이고 밖으로 나가지도 않고 계속해서 앉아서 수행을 하기도 한다. 그들은 왜 그러고 있을까? 그 사람들은 불교의 승려들이다. 부처님의 가르침을 따르는 사람들이다. 부처님의 가르침을 자신들이 몸으로 체화하기 위해서, 부처님의 가르침을 생활화하기 위해 출가해서 승려가 된 사람들이다. 한마디로 부처님의 말씀을 절대적으로 따르는 사람들이다.

부처님은 일체유심조를 얘기했다. 모든 것은 마음먹기에 달린 것인데 왜 그들은 밖에 나오지도 않고 오랜 시간 방안에서 무슨 생각을 하고 있는 것일까?

어느 날 제자가 조주선사한테 물었다.

"선사님, 불법의 진의가 무엇입니까?"

선사는 이렇게 대답했다.

"뜰 앞의 잣나무이니라."

왜 선사는 그렇게 얘기를 했을까? 선사가 그렇게 얘기한 뜻은 무엇일까? 그것이 화두라고 해서 몇 년을 앉아서 풀고 있는 사람들도 있다. 뜰 앞의 잣나무에는 과연 무슨 뜻이 있을까?

제자는 선사에게 가서 불법의 진정한 뜻이 무엇입니까? 무엇이 깨달음입니까? 무엇이 진리입니까? 이렇게 물어본 것이다. 그러면 너희의 상식으로는 깨달음과 진리는 이러이러한 것이고 불법은 저러저러한 것이라는 대답을 기대하게 된다. 그런데 완전히 동문서답을 듣게 된 것이지. "뜰 앞의 잣나무다."

앞서도 얘기했듯이 선은 정말 불교의 최고봉이다. 왜냐하면, 마음을 가리키고 있기 때문이다. 왜 선사는 진리가 무엇이고 깨달음이 무엇이냐고 묻는 제자에게 '뜰 앞의 잣나무'라고 얘기를 했을까? 뜰 앞의 잣나무가 무엇이기에 그런 대답을 했을까?

사실 여기에 관한 책도 여러 권이 있다. 모두 학자들이 푼 것이다. 이러저러해서 이런 뜻일 것이다. 그런 식으로 해설하고 풀이한 것이 책 한 권 분량이다. 그러니 너희도 그 책에 더하여 한 줄을 더 쓸 수도 있다. 이런 뜻이 아닐까, 저런 뜻이 아닐까 하면서 말이다.

제자가 불법의 진의를 물었을 때, 선사는 조용히 앉아 있었다. 그리고 물끄러미 방문 밖을 봤는데 뜰에 있는 잣나무가 보였다. 불법의 진의를 물었을 때, 선사는 아무 생각 없이 그저 자기 눈앞에 보이는 뜰 앞의 잣나무를 얘기한 것이다. 그 선사는 뜰 앞의 잣나무를 보고 있었다. 이게 해답이다.

선사의 입장에서는 불법의 진의, 진리, 깨달음…… 그런 것들이 아무 의미가 없었다. 그것들은 따로 존재하는 것이 아니라, 그저 사람들이 만들어 낸 관념과 생각에 불과하기 때문이다. 그러므로 불법의 진의, 진리, 깨달음 이런 것들이 중요한 게 아니라 내가 그런 것들을 만들어 내고 있다는 스스로에 대한 인식과 자각이 중요한 것이다.

선사는 제자의 그 질문에 대해 완전히 무시한 것이다. 선사는 제자의 질문에 전혀 감응하지 않았다. 그렇지만 선사는 제자에게 뭔가를 하나

일깨워 주기 위해, '뜰 앞의 잣나무'를 - 너는 지금 불법이니 진의니 하는 생각을 만들고 있지? 나는 무엇을 하고 있느냐면, 나는 그저 뜰 앞의 잣나무를 보고 있단다. 너는 그런 생각을 만들고 있고 나는 그냥 나무를 보고 있을 뿐이다. 너는 너의 일을 하고 있고, 나는 내 일을 하고 있다. 이것이 바로 불법의 진의이다. 너는 너대로 보고, 나는 나대로 본다. 너는 네가 생각하고, 나는 내가 생각한다. 그러니 중요한 것은, 불법도 진의도 깨달음도 아니라, 바로 네가 그런 생각과 관념과 이미지를 만들고 그 모든 것을 다 네가 한다는 것을 아는 것이다. 이게 불법의 진의다. - 말한 것이다.

얼마나 싱거운가! 이 싱거운 것을 풀기 위해 뜰에 뭐가 있는지 잣나무에 뭐가 있는지 그걸 풀이한 사람도 있다.

사람들은 많은 의미를 만들어 낸다. 하지만 정작 자기가 그 의미를 만든다는 것은 모른다. 자기가 하는 일을 자기가 모른다는 건 말이 안 된다. 그러니까 자기가 하는 걸 자기가 아는 것, 그것이 바로 불법의 진정한 뜻이다.

자, 그럼 이제 내가 너에게 묻겠다.

"불법의 진의가 무엇이지?"

" ...... "

어렵게 생각할 것 없다. "나는 그것에 관심 없습니다." 이래도 된다. 왜 꼭 거기에 대답해야만 하지? 그냥 "스승님도 차나 한 잔 드세요." 그것도 아주 명답이 된다. 대답이란 '행위'가 중요한 것이 아니라 그 대답의 주체인 내가 거기에 아무 걸림이 없는 '존재상태'가 중요한 것이다.

화두의 진정한 답은 화두에 매이지 않는 너의 마음이다. 그리고 그 마음 안에 모든 문제와 해답이 있다는 일체유심조의 진리를 깨치는 것, 바로 그것이 선과 화두의 요체이다.

에고와 진아, 무아

많은 사람이 깨달음을 얻으려면 에고를 버려야 한다, 에고를 초월해야 한다고 말합니다. 또 진아眞我를 찾아야 한다, 무아無我를 체험해야 한다, 그리고 무념무상無念無想의 경지에 도달해야 한다고 합니다.

에고란 무엇이며 에고를 초월한다는 건 어떤 의미입니까? 그리고 진아, 무아, 무념무상은 어떤 것입니까?

어린 시절의 무지몽매함은 어른으로 성장하기 위한 필연적인 성장과 성숙의 과정이다. 여기엔 누구도 예외가 없으며 위대한 스승들과 성자들 또한 예외일 수 없다. 우리 모두에게는 미성숙한 어린 시절이 있었다. 그리고 미성숙한 어린 시절의 성장 과정을 거쳐 지금 어른이 되어있다. 성장과 성숙은 일순간에 되는 것이 아니다. 현재의 성숙하고 성장한 내가 되기까지 나에게는 성장하지 못하고 성숙하지 못한 과거의 내가 있었다.

에고란 나의 충분히 성숙하지 못하고 충분히 성장하지 못한 일시적인 상태이다. 즉, 에고는 내가 아니라 나의 상태를 말하는 것이다. 그러므로

'에고가 사라진다'는 표현을 쓸 때, 그것은 내가 사라지는 것이 아닌, 나의 미성숙한 부분과 미성장된 부분이 성장과 성숙으로 바뀐다는 말이다. 그러므로 '사라진다' 또는 '버린다'는 표현은 적절하지 않다.

많은 사람이 이 부분에서 혼란을 느낀다. '에고가 사라진다'는 말을 현재의 내가 사라져야 한다고 잘못 알고 있기 때문이다.

에고란 고정체도 아니고 결정체도 아닌, 일시적인 현상에 불과하다. 다시 말하지만, 에고는 내가 아닌, 나의 일시적인 상태를 말한다. 그러므로 결코 에고를 적대시하거나 터부시할 필요가 없다. 에고는 어린 시절 아이로서의 필연적인 무지몽매함이며 내가 어른으로 성장하고 성숙함에 따라 자연스럽게 나의 성장과 성숙 안에 스며드는 것이다.

깊은 깨달음을 얻기 위해, 해탈하기 위해 탐진치貪嗔痴 삼독三毒이 사라져야 하고, 욕구가 사라져야 하고, 욕망이 소멸하여야 하고, 무엇보다 '나'라는 에고가 사라져야 하고…… 너희는 이런 식으로 탐진치, 욕구, 욕망, 에고와 투쟁할 필요가 없다. 내 안에 있는 나의 미성숙, 미성장과 싸울 필요가 없다는 것이다. 이들은 너희의 적이 아니다. 내 안에 있는 나의 변화될 부분들일 뿐이다.

허용과 포용과 수용과 이해, 그리고 깨우침과 자각을 통해 너희는 성장과 성숙을 해나가고 있다. 이러한 나의 성장과 성숙에 탐진치, 욕구, 욕망, 에고…… 이런 것들은 모두 밑거름이다. 에고가 사라져야 한다, 아상我相이 사라져야 한다, 내가 사라져야 한다…… 이런 말들은 나의 과거를 부정하는 것이다. 나의 어린 시절을 부인하는 것이다.

현재의 나는 과거를 통해 존재해 왔다. 현재의 나는 나의 어린 시절을 지나 여기에 와 있다. 나의 무지했던 과거, 나의 몽매했던 어린 시절, 모두 나의 현재에 흡수되어 있다. 나의 성장과 성숙에 밑거름이 되어 있다.

그러므로 나의 성장과 성숙에 그 어떤 과거의 부정도 있을 수 없고, 나의 성장과 성숙에 그 어떤 부정적인 요소도 존재하지 않는다. 성장과 성숙의 관점에서는 오로지 허용, 포용, 수용, 이해가 있을 뿐이다. 그리고 그 모든 것의 중심에 내가 있고, 그 모든 것을 내가 하고 있다는 일체유심조의 자각, 여기에 그 모든 해답이 담겨 있다.

'에고'란 주제는 정신계에서 실로 오랫동안 다뤄지고 논란이 되는 주제인데, 그것을 나의 미성숙한 부분이라고 간단히 정의할 수 있을까요?

내가 항상 말하고자 하는 것의 핵심은 정의나 규정, 상태 같은 것들이 아니라, 그것들이 누구에 의해, 누구로 인해 존재하는지를 알아차리라는 것이다. 그러므로 그것이 어떤 규정이며 어떻게 정의된 것인가는 중요하지 않다. 그것들이 누구에 의해, 누구로 인해, 즉 바로 '나'로 인해 규정되고 정의된 것임을 알아차리는 게 중요하다.

에고란 또 다른 표현으로 '나의 설정'이다. 너희가 살아가면서 힘든 일이 있을 때, 그 힘든 것의 원인은 외부에 있지 않고 바로 나의 설정에 있다. 설정은 내가 아니다. 말 그대로 나의 설정일 뿐이다. 이 설정을 대중적인 표현으로 에고라 말할 수 있다.

석가모니 부처님은 에고를 두고 상相이라는 표현을 썼다. 그리하여 나의 설정을 지칭하는 말로 아상我相이란 단어를 쓰셨던 것이다. 하지만 사람들은 지금까지 이 뜻을 제대로 이해하지 못해 아상, 즉 에고라는 말에 많은 혼동을 느껴왔다.

에고란 무엇인가? 내가 에고인가? 에고를 없애야 하는가? 에고가 사라져야 깨달음이 오는가? ……이런 식으로 꼬리에 꼬리를 무는 의문들을 만들어 내었다.

아상, 즉 에고란 나의 설정을 말하는 것이다. 설정이란 무엇인가? 내 마음의 굴레, 내 마음의 틀, 내 마음의 선 긋기, 내 마음의 규격, 내 마음의 규모, 내 마음의 경계, 내 마음의 한정 지음…… 이 모든 포괄적 의미를 지니고 있다.

설정은 내 마음의 집짓기를 하는 것이다. 그리고 그렇게 설정을 하는 이유는, 나 자신의 세계를 만들어서 그것을 경험해 보기 위해서이다. 바로 한정된 경험을 해보기 위해서이다. 나의 설정은 내가 만드는 나의 세계이다. 그리고 그 나의 세계, 나의 설정, 에고를 점점 확장하고 경험하며 너희는 성장하고 성숙해 나간다.

나는 누구인가? 설정에 의한 자가 아닌, 설정을 창조하는 자이다.

나는 누구인가? 규정에 의한 내가 아닌, 규정을 만들어 내는 자이다.

나는 누구인가? 에고가 아닌, 에고를 존재하게 하는 자이다.

나는 누구인가? 아상이 내가 아닌, 아상의 주인이 바로 나이다.

무엇이 나를 힘들게 하는가? 나의 설정이다.

무엇이 혼란을 주고 있나? 나의 설정이다.

무엇 때문에 방황하고 있나? 나의 설정 때문이다.

무엇이 나를 구속했나? 나의 설정이다.

이 모든 일이 누구에 의해서 벌어지고 있나? 나에 의해 벌어지고 있다.

일체의 설정이 어디에 있나? 마음 안에 있다.

누구의 마음 안에 있나? 내 마음 안에 있다.

결론은 무엇인가? 모든 것이 내 마음 안에 존재하고 있다.

나는 누구인가? 내 마음의 주인이다.

어떻게 해야 하나? 이 진실을 자각하면 되는 것이다.

잘 알겠습니다. 그렇다면 불교계의 주요한 이슈인 무無와 공空에 대해서도 말씀해 주시기 바랍니다. 이번엔 저도 그러한 것들이 모두 우리가 만들어 낸 생각과 관념에 불과한 것임을 감안하여 듣도록 하겠습니다.

소위 도를 공부하는 사람들, 특히 어설프게 공부하는 불교 계통의 사람들이 추구하며 집착하는 단어가 있다. 바로 무無씨와 공空씨 성을 가진 이름들이다.

그들은 한결같이 이렇게 말한다. 도인은 무심無心의 경지에 들은 사람이어야 하고, 깨달음은 무념무상無念無想의 상태에 드는 것이며, 무아無我를 깨우친 사람만이 진정한 각자이고, 무상無常의 모습을 보이는 자가 여래如來이다. 더 나아가 여래는 사물에 분별이 없으며 대상에 차별을 두지 않는다고도 말한다.

이외에도 허공과 같은 자성을 깨우쳐야 한다, 적멸공寂滅空의 상태를 맛보아야 한다, 무기공無記空에 빠지면 안 된다는 등 완고한 설정들이 무수히 많다. 모두 다 고리타분한 말잔치에 불과한 것임은 두말할 여지가 없다.

지금까지 내가 구구절절이 말한 것의 핵심은, 나는 모든 것을 있게 하는 그것이며 내가 모든 것을 존재케 하고 있다는 것이다. 그리하여 나는 '나'에 대한 정의를 이렇게 내릴 수 있었다.

"나는 창조자임과 동시에 창조성이며, 나는 그 어떤 규정에도 규정되는 것이 아닌, 규정을 만들어 내고 그 규정을 내리는 자가 바로 '나'이다."

노자는 이러한 나의 자성을 일컬어 무라 하였고, 석가모니는 공이라 하였다. 왜 그들은 나의 성품을 이렇듯 무라 명하고 공이라 칭했을까? 그것은 바로 내가 모든 것을 있게 하고 유지하게 하는 생명력 그 자체이기 때문이다.

다만 나는 '있음 이전'에서 '있음'을 탄생시킨 나이기에, 자식이 되는 '있음'의 관점에서 부모격인 '있음 이전'을 그저 '없음' 즉, 무와 공이라 불렀던 것이다. 왜 그랬을까? 있음의 관점에서 볼 땐, 도저히 '있음 이전'의 상태를 묘사할 수도 표현할 수도 없었기 때문이다.

어떻게 보이는 것이 보이지 않음에 대하여 말할 수 있고, 어떻게 들리는 것이 들리지 않음을 이야기할 수 있으며, 어떻게 느껴지는 것이 느껴지지 않는 것을 체험할 수 있단 말인가. 그것은 불가능하다. 있음은 단지 그것을 '없다'고 밖에는 달리 표현할 길이 없었던 것이다. 그래서 무가 되고 공이 된 것이다.

있음이란 무엇인가? 창조된 것이다. 현재 내가 어떤 생각이 불쑥 들었다는 것은 지금 바로 이 순간 그런 생각이 바로 나로 인해 창조되었음을 뜻한다. 나는 무수한 생각을 만들어 낼 수 있다. 나는 매 순간 무수한 사념을 창조할 수 있다. 그러므로 나는 생각의 탄생 여부와 상관없이 존재해 왔고, 존재하고 있으며, 존재해 나갈 수밖에 없다.

만물의 근본은 의식이다. 다시 말해 만물은 나의 생각에 의해 창조된 것이다. 이런 연유로 세상 만물의 존재 여부와 상관없이 나는 존재하는 것이며, 이런 연유로 세상 만물의 입장에서 볼 때, 나의 정체는 무無일 수밖에 없고 공空일 수밖에 없는 것이다.

그러니 무심의 경지에 들지 않아도 나는 늘 무심의 상태에 있고, 무아를 깨우치지 않아도 나는 늘 무아일 수밖에 없고, 무상을 드러내지 않아도 나는 늘 무상의 모습일 수밖에 없다. 다만 이러한 나의 정체성을 자각하여 나에 대한 주체성을 잊지 않는 것이 중요하다.

모든 것의 주체는 나이다. 무아든 진아든 그것들이 누구에 대한 이야기인가? 다른 어느 것도 아닌 바로 나에 대한 이야기이다. 그러니 이 하나만을 자각하는 것으로 충분하다. '나' 하나면 충분하다는 말이다. 그럼에도 불구하고 무아나 진아를 마치 다른 사람처럼 또 다른 나로 여겨 그러한 환상을 쫓고 그러한 개념들의 노예가 되어 나의 주체성을 잃어버리는 우매한 짓을 이제는 멈춰야 한다.

그러나 소를 타고 있음에도 소를 찾아야 한다는 망상에 사로잡힌 사람들이 오늘도 여전히 무씨 성과 공씨 성을 가진 소들을 찾아다니고 있다.

언제나 그렇듯이 또 '나'에 대한 이야기로 귀결되는군요.

지금까지 그래 왔듯이 앞으로도 모든 결론은 '나'에 대한 이야기로 귀결될 것이다.

물이 증발하기 위해선 꼭 끓어야만 하는 것이 아니다. 물은 자연스러운 상태에서도 이미 기화되어 증발하고 있다. 이 세상 모든 것은 존재 이전의 상태에서 왔기에 종국엔 자연스럽게 존재 이전으로 돌아가게 되어 있다. 모든 나타났던 것은 나타나기 이전으로 사라진다. 창조라는 것은 늘 그래 왔듯이 있는 곳에서 잠시 나타났다가 다시 있었던 그곳으로 사라지는 것뿐이다.

너희는 창조 이전이나 존재 이전 같은 이야기를 하면 혼란을 느낀다. 그렇지만 내가 존재한다는 것은 이미 존재 이전의 상태를 가지고 있다는 이야기이다. 존재 이전도 나이고, 존재도 나이며, 존재 이후도 나이다. 그리고 그런 나를 성장시키고 성숙시키는 것이 진정한 마음공부이다. 나이외의 모든 것은 나를 성장시키기 위해 존재한다. 그러니 나 이외의 것들이 주체가 되어 내 위에 군림해서도 주인공이 되어서도 안 된다.

도를 닦고 진리를 찾고 깨달음을 추구한다 하더라도 그것은 상식적이고 합리적이어야 한다. 하지만 너희는 불평불만을 창조해 놓고 거기서 만족이라는 신기루를 찾아다닌다. 너희는 스스로 자물통을 만들어놓고 열쇠를 찾는 공부를 하고 있다. 그러나 진정한 열쇠는 자물통을 열 수 있는 열쇠를 찾는 것이 아니라, 그 자물통이 내가 만들어 낸 환상이었음을 아는 것이다.

잘 된다는 것은 잘 안 된다고 하는 그 생각의 허상이 깨지는 것이고, 끝이라는 것은 시작의 허상을 보는 것이 끝이다. 즉, 우리의 마음 안에서 모든 것을 만들어 놓고, 마음 안에서 끝내는 것이다. 모든 것이 자기 자신에게로 귀결된다. 진정한 깨달음이나 지혜는 바로 우리가 만들어 놓은 설정과 한계라는 뜬구름을 걷어내는 것이다.

마음공부를 하는 사람들 대부분이 끈끈이를 하나씩 만들어 놓는데, 거기엔 진리라는 끈끈이, 스승이라는 끈끈이, 깨달음이라는 끈끈이 등이 있다. 그리곤 윙윙거리는 파리들처럼 거기에 달라붙어, 진리는 이렇다, 스승이란 저렇다, 깨달음이란 이런 것이다, 하며 시비를 한다. 그러나 그 사람들이 진정으로 알아야 할 것은 시비의 대상이나 결론이 아니라, 자신들이 끈끈이에 붙어있다는 그 어리석음을 아는 것이다. 내가 성장하고 성숙하면 타인의 생각 속에서 만들어진 온갖 관념의 찌꺼기에 대해 더 이상 왈가왈부할 필요를 느끼지 않는다. 내 존재 자체가 이미 하늘이고 진리이다.

욕구와 욕망

이번엔 욕구와 욕망이란 주제에 관해 이야기를 나누고 싶습니다. 비단 수행자들뿐만 아니라 일반인들조차도 자신의 욕구와 욕망을 어떻게 조절하고 다뤄야 하는지에 대해 많은 혼란을 겪고 있습니다. 우리는 욕구와 욕망을 어떻게 받아들여야 하고 어떻게 다뤄야 합니까?

한 가지 우화를 들려주도록 하마.

큰 재산을 소유한 할머니와 딸이 살고 있었다. 불심이 깊었던 할머니는 늘그막에 얻은 딸에게도 어릴 적부터 불교설화를 이야기해 주며 딸 또한 불법의 깊은 이치를 깨우치길 고대하였다. 세월이 흘러 딸이 어엿한 숙녀로 성장했을 때, 할머니는 평생의 염원대로 자신의 전 재산을 들여 절을 지었고 그 절을 믿고 맡길 수 있는 스님을 찾게 되었다.

그리하여 당시 오랫동안 수행에 정진한 스님들을 자신의 집으로 초청해 자신의 고명한 딸을 시켜 스님의 수발을 들게 하고 법문을 청해 들었다. 그러나 스님들이 가고 난 후 할머니는 늘 고개를 절레절레 흔드는 것이었다. 하루는 딸이 보다 못해 할머니에게 물었다.

"어머니, 왜 오랜 세월 수행정진한 훌륭한 스님들을 모셔놓고는 번번이 퇴짜를 놓으시나요? 아직도 어머님 마음에 드는 스님이 없는 이유가 무엇인가요?"

할머니가 말했다.

"내가 비록 사정이 여의치 않아 출가를 못 하였으나, 비가 오나 눈이 오나 한시도 부처님의 법을 내 마음에서 놓은 적이 없었단다. 그리고 어느 날, 나는 일체가 내 마음에 달려있음을 문득 깨닫게 되었지.

그 후로 나는 그 어떤 미망과 두려움으로부터도 벗어날 수 있는, '내 마음'이라는 소중한 지혜를 얻을 수 있었단다. 하지만 이 어미 판단으로는 내가 청한 그 어떤 스님도 이 소중한 지혜를 얻은 스님이 없구나. 그들은 자신의 수발을 들고 있는 너를 두려워했고 똑바로 바라보지도 못했을 뿐만 아니라 오히려 역정을 낸 스님들도 있었지.

그들은 욕망을 억제하고 있는 사람들이지 욕망을 극복한 사람들이 아니란다. 그들은 아직도 자신의 욕망이 무섭고 두려운 사람들이야. 그러기에 그들은 너를 똑바로 바라볼 수도 없었고, 너를 꺼리고 너를 내치며 오히려 화를 낸 것이란다. 그들은 욕망의 주인이 아니라 아직도 욕망의 노예에서 벗어나지 못한 사람들이야."

학자들이 말하는 문명의 역사는 대략 5천 년 정도라고 한다. 물론 실제로는 훨씬 그 이전에도 문명은 존재해 왔었지만, 인류 스스로 불러온 파멸이 있었고 천재지변에 의한 전멸이 있었기에 입증된 인류 문명의 역사는 이토록 짧을 수밖에 없다.

하지만 5천 년을 가정한다 하더라도 그 기간을 돌이켜 보면, 수많은 전쟁과 재해로 많은 사람이 죽음을 맞았고, 수많은 역사적 사건에 의한 사회의 재편성을 거듭하는 등 그 기간은 결코 짧지 않은 기나긴 시간이었다. 그리고 그 과정 동안 수많은 역사의 영웅과 인물들이 등장하였고, 종교와 사상을 탄생시킨 성인과 현자들이 출현하여 왔다.

우리는 과거의 역사를 통해 5천 년의 세월이 어떻게 흘러왔는지 알 수 있다. 그렇다면 5천 년의 세월이 주는 교훈과 5천 년의 세월이 남긴 진리는 무엇일까?

그것은 나타난 것은 사라진다는 보편적인 교훈과 진리이다. 한 시대를 호령했던 영웅호걸도, 현시대에까지 추앙받는 성자와 성인들도 모두 지금은 존재하지 않는다. 그들 또한 나타난 것은 사라진다는 법칙에 예외가 될 수 없었다.

제행무상諸行無常, 모든 존재와 행위와 변화는 무상한 것이라는 이 하늘의 섭리는 모든 이에게 차별 없이 적용되었다. 이에 대한 자각을 일으키고 가르침을 폈던 석가모니 부처님조차도 역시 제행무상의 흐름을 따라갈 수밖에 없었다.

누구나 다 늙는다. 누구나 다 병든다. 누구나 다 죽는다. 그리고 그 과정 동안 사람은 언제나 욕망과 함께 해왔다. 갖고 싶은 욕망, 잡고 싶은 욕망, 누리고 싶은 욕망, 즐기고 싶은 욕망, 벗어나고 싶은 욕망……. 그 어떤 욕망이든 사람들은 욕망에 의한, 욕망을 위한, 다양한 욕망을 선택하고 맛보며 살아왔다. 이렇듯 욕망 또한 인류의 여정이란 드라마에 빠질 수 없는 고정 출연자의 역할을 해왔다.

사람이 늙고 병들고 죽는 것이 허물이 아니듯 욕구와 욕망 또한 허물이 될 수 없다. 그러나 사람들은 욕구와 욕망을 허물이라 여기고 심지어 죄악시하기까지 한다. 그리하여 5천 년의 역사는 졸지에 죄악의 역사가 되어버렸고, 여기에 역사의 중간에 원죄론이 등장하여 욕망이라는 단어는 더욱 더 추악한 개념을 갖게 되었다.

나에게는 수많은 욕구가 있다. 나에게는 수많은 욕망이 있다. 나에게는 수많은 욕심이 있다. 그리고 그 모든 것을 내가 만들어 내고, 내가 그 경험을 선택하고 있다. 그러므로 나는 욕구와 욕망의 노예가 아닌, 나는 욕구와 욕망의 주인이다.

인류의 역사가 증명하고 있듯 인간의 생로병사, 인간의 욕구와 욕망 그 모든 것들은 이번 편 인류의 드라마의 필수 구성요소이다. 그러므로 그 어떤 것도 거부되어선 안 되며, 허물이 되어서도 안 되고 죄악시되어서도 안 된다. 다만 이 드라마에 출연하는 내가 해야 할 일은, 이러한 드라마의 구성요소에 대한 이해가 아닌, 드라마 전체에 대한 자각이다.

드라마 전체에 대한 자각이란, 드라마의 모든 구성요소를 받아들이고 함께하며 경험하고 성장해 나가는 줄거리에 대한 전체적인 이해이다. 이 드라마를 이해하는 것이 바로 이 드라마의 종영이라는 사실을 자각하면 되는 것이다. 그 외에는 모두 다 드라마의 그때그때의 장면들에 불과한 것들일 뿐이다.

드라마 속의 그 어떤 것도 탓할 게 없고, 그 어떤 것도 문제가 될 게 없고, 그 어떤 것도 허물이 되지 않는다. 나는 드라마에 출연하고 있는 나를 알고 있고, 나는 드라마의 구성을 이해하고 있으며, 나는 드라마의 줄거리를 알고 있기 때문이다. 그리고 바로 이것이 드라마에 대한 자각, 드라마가 끝나는 마지막 장면이다.

그렇다면 욕구와 욕망은 아무런 문제가 없고 욕구와 욕망을 마음껏 추구해도 된다는 뜻입니까?

어떻게 하고 싶은가? 그것 또한 너희가 판단하고 선택해라. 하지만 부처님께서 제자들에게 비유를 들어 설법한 내용이 있다.

"어떤 사람이 산길을 가다가 발을 헛디뎌 천길만길 낭떠러지에 떨어지게 되었는데, 떨어지는 도중에 천우신조로 낭떠러지 중간의 넝쿨 한 줄기를 붙잡게 되었다. 하지만 천신만고 끝에 넝쿨은 잡았으나, 사방을 둘러보아도 어느 곳 하나 의지할 데가 없는 천애의 절벽 한가운데 자신이 매달려 있는 것이었다.

넝쿨이 뻗어 내려진 초입에 작은 구멍이 하나 있었는데, 그 구멍을 통해 흰색 쥐 한 마리와 검은색 쥐 한 마리가 드나들며 그 넝쿨을 갉아먹고 있었다. 그러므로 이 사람이 붙들고 있는 넝쿨은 언제 끊어질지 모른다. 넝쿨 위에는 작은 벌집이 있어 넝쿨 밑으로 간간이 꿀이 흘러내리고 있는데, 그 와중에 그 사람은 넝쿨에 흘러내린 꿀을 한 번 더 핥아 먹으려고 애쓰고 있다."

사람들은 이렇듯 자신이 처한 상황을 제대로 인식하지 못하고 있고, 설사 상황을 잠시 인식했다 하여도 이내 순간의 쾌락적인 유혹에 빠져든다는 것이 부처님의 이 설법의 요지이다.

사람의 감각은 오래 유지되지 않는다. 일시적이고 순간적이며 즉흥적이다. 이렇듯 사람들이 느끼는 쾌감, 성취감, 포만감, 우월감…… 이러한 감정들을 느끼는 것은 찰나에 지나지 않는다. 그럼에도 사람들은 이 찰나의 감각과 감정을 맛보기 위해 자신의 온 정력을 쏟아 붓는다. 보잘것없는 일시적인 하나의 감정을 느끼기 위해 자신의 모든 것을 바치고 희생하는 삶을 살고 있다. 한마디로 인생을 허비하며 살고 있다.

삶의 다양한 측면을 이것저것 경험하고 체험하는 것은 좋지만, 한 번이면 족할 경험과 체험들을 계속해서 반복하고 있다면, 그러한 경험과 체험들은 시간의 허비와 정력의 낭비일 뿐 더 이상의 가치와 의미는 없다.

인간의 감각은 허망하다. 그토록 먹고 싶어 먹어도 식후의 포만감은 잠시이고, 그토록 갖고 싶어 가져도 소유의 만족감도 잠시이며, 그토록 얻고 싶어 얻은 성취감, 그렇게 열망하여 느낀 성적 쾌감도 잠시일 뿐이다. 그럼에도 불구하고 사람들은 그 하나의 감각을 느끼기 위해 자신의 모든 것을 바친다. 그것은 인생을 낭비하는 것이고 인생을 허비하는 것이며 인생을 소모적으로 사는 것이다. 내가 권력과 명예와 부를 얻고 사랑을 얻었다 하여도 그러한 성취감, 만족감, 포만감, 쾌감은 일시적이다. 그러한 것들은 결국엔 다 사라져 버리니 그것들은 진실이 아니다.

사람은 하루 24시간을 살면서 무수히 많은 생각과 활동을 한다. 온종일 잠을 자지도 않고 온종일 먹을 수도 없으며 마찬가지로 온종일 섹스를 하지도 않는다. 이러한 것들은 삶 전체가 아닌 삶 속의 일부분이다. 우리의 삶 안에는 이러한 것 외에도 수많은 경험과 신비가 존재하고 있다.

너희가 정신적 환희와 육체적 희열 같은 삶의 단편들에 연연하지 않고 삶 전체와 삶의 본질을 이해한다면, 너희의 욕구와 욕망을 어떻게 받아들이고 어떻게 다뤄야 하는지에 대한 문제 또한 너희의 마음 안에서 자연스럽게 해결될 것이다.

"나는 아직도 욕구와 욕망이 많이 일어나고 분노와 짜증도 여전한데, 이런 내가 과연 깨달을 수 있을까?"

아직도 많은 사람이 이런 의문과 문제의식을 느끼고 있다. 이에 대한 가장 명확한 해결책은 무엇일까?

이것은 이런 것이니 이렇게 해야 하고, 저것은 저런 것이니 저렇게 해야 하며, 저것은 이것에 의해서 비롯되니 이것의 실상을 알고 저것의 허상을 깨우쳐야 한다, 이것은 바로 무엇이기 때문이다…… 이런 설명, 저런 해설, 이런 이론, 저런 사상, 어떤 가르침…… 모두 다 정답이 아니다.

여기에 대한 가장 명확한 답변은 "괜찮다"이다. 모두 다 괜찮다. 욕구가 있어도 상관없고 욕망이 있어도 문제없고 분노가 일어나고 짜증이 생겨도 모두 다 괜찮다. 괜찮다는 말에는 주인의식이 있기 때문이다. 괜찮다고 생각하는 마음에는 그 마음의 주체가 바로 '나'이다. 그러니 이것이면 되고 이것이면 충분하다.

나에게 일어나는 수많은 생각, 수많은 감정, 수많은 욕구와 욕망, 나는 다 포용할 수 있고 수용할 수 있고 허용할 수 있다. 나는 다 이해할 수 있다. 왜냐하면, 그러한 것들이 주체가 아닌, 내가 주체이기 때문이다. 그러한 것들이 전체가 아닌, 내가 전체이기 때문이다. 그러한 것들이 주인이 아닌, 내가 주인이기 때문이다.

그러한 것들을 크게 생각해 나를 작게 위축시키지 말고, 나를 크게 만들어 그러한 것들이 작아지도록 하면 된다. 나보다 더 크게 보였던 그것들이 미미한 부분에 불과한 것으로 인식되게끔 자신을 크게 성장시켜 나가면 된다.

나에게서 아직 욕구와 욕망이 크게 보이고 나에게 있어 분노와 짜증이 크게 보이는 이유는 아직도 내가 작기 때문이다. 내가 작은 이유는 내가 나를 알지 못하기 때문이다. 어떤 나를 알지 못하는 것인가? 큰 나, 전체적인 나, 주체적인 나, 충만한 나, 만들어 내는 나를 알지 못하기 때문이다.

인간의 욕구와 욕망은 영원한 거지 근성을 지니고 있다. 하지만 거지는 빈털터리를 말하는 것이 아니다. 거지는 만족을 모르는 것이다. 그러므로 계속해서 '더'를 요구하고 '더'를 욕구하고 '더'를 바란다.

사람들이 섹스, 도박, 마약 등에 쉽게 빠져들고 그러한 것들을 계속해서 탐닉하게 되는 이유는, 그것들이 끝나고 난 뒤의 허탈감과 공허감이 사람들로 하여금 다시금 그러한 것들을 찾게 하고 갈구하게 하는 중독성을 불러오기 때문이다. 그렇다면 나는 왜 허탈감과 공허감을 느끼는 것일까? 그것은 앞서 말한 것처럼 본질적이고 근원적이고 포괄적인 진정한 '나'에 대한 자각이 부족하기 때문이다.

나에 대한 자각은, 내 마음에 대한 자각이다. 내 마음에 대한 자각은, 그 마음이 그 모든 것의 전부임을 깨닫는 것이다. 마음이 왜 모든 것의 전부인가? 마음이 그 모든 것을 만들어 내고 존재하게 하고 유지하고 있기 때문이다.

마음은 만물의 주인이자 주님이다. 그리고 나는 내 마음의 주인이자 주님이다. 그러므로 나를 깨우친 나는 세상에서 가장 큰 나이다. 그 큰 '나'에게는 아무런 문제가 없다.

어느 스승의 이런 말이 있다.

"영적인 불길이 세상을 뒤덮을 만큼 활활 타오를 때, 어찌 한 종지에 담긴 물(욕망)이 그 불길을 끌 수 있으리오."

이렇듯 욕구와 욕망과 분노를 꺼리고 두려워할 것이 아니라, 그 모든 것을 허용하고 포용하고 수용하고 이해해도 아무 걸림이 없는 위대한 대자유가 바로 '나'임을 깨우치길 바란다.

자기사랑

스승님의 모든 가르침의 핵심은 위대한 나를 알고, 위대한 나를 발견하고, 위대한 나를 자각하는 것입니다. 어리석은 질문 같습니다만, 그 '나'를 발견하고 자각하는 최고의 수행이나 방법 같은 것이 있습니까?

오직 나를 편안하게 해주고, 나에게 감사하며, 나를 행복하게 해주고, 나를 사랑하라. 그것이 최고의 수행이자 최고의 방법이다.

좀 더 자세히 말씀해 주시기 바랍니다.

사람들은 모든 것을 자신의 앎으로 귀결시키려 한다. 알기 위해 찾고, 알기 위해 공부하고, 알기 위해 노력한다. 그러나 무엇을 안다는 것은 이제 시작일 뿐이다. 아는 것만이 전부가 아니다. 그러므로 앎에만 머물러서는 안 되며, 나는 반드시 앎에서 이해의 과정으로 넘어가야 한다.

내가 진실을 알았으면 그다음 나는 진실을 이해해야 한다. 그리고 나는 그 이해를 통해 더할 나위 없이 즐거워야 하고, 또한 그 즐거움을 통하여 나는 진실로 행복해야 하며, 그 행복함을 통해 나는 절대적으로 만족해야 한다. 그리고 그 만족함을 통해 나는 한없이 감사해야 한다.

이 과정은 그러한 상태가 나를 그러한 과정으로 자연스럽게 이끈다는 것이지, 그렇게 해야 한다는 것은 단지 언어상의 표현일 뿐이다. 앎과 이해와 즐거움과 행복과 만족을 통해 꽉 채워진 에너지가 나에게서 넘쳐나기 시작할 때 일어나는 마음이 감사함이다. 감사함의 에너지는 나의 테

두리와 나의 한계를 사라지게 한다.

위대한 성자들과 스승들은 어떤 특별한 인연으로 그러한 경지에 도달했거나 신의 축복을 받은 분들이 아니다. 그들은 자신을 매우 소중하게 여기고 사랑과 자비, 용서와 포용으로 자신을 계속 성장시키고 성숙시켰던 분들이다. 그들은 자신을 위해 헌신했다. 그들은 자신을 위해 무엇이 가장 필요하고 무엇을 해야 하는지를 알았기에 소중히 자기를 가꾼 분들이다.

'사랑은 의사'라는 말이 있다. 버니 시겔이란 의사는 말하기를, 대다수의 환자가 당면한 가장 근본적인 문제는 자기 자신을 사랑하지 못하는 데 있다고 했다. 그는 인생을 사랑하는 능력과 자기 자신을 사랑하는 능력을 함께 갖출 때, 사람은 자신의 삶의 질을 진정으로 향상할 수 있으며, 사랑은 모든 것을 치유하므로 환자들에게 사랑하는 법만을 제대로 가르쳐 주어도 수많은 질병이 치유된다고 말한다.

그는 이것을 '사랑의 생물학'이라고 불렀는데, 더불어 그는 사랑의 첫 번째 대상은 자기 자신이어야 하며, 자기를 사랑할 줄 알아야 다른 사람도 사랑할 수 있다고 말한다. 의사의 관점에서도 자신을 사랑해야 살려는 의지가 생기고 질병에서 벗어나려는 의욕도 생기는 것이며, 자기를 사랑할 때 면역체계의 활동이 강화되어 병이 치유의 방향으로 전환된다고 보았던 것이다.

육신의 건강을 돌보는 것은 참으로 소중하다. 그러기 위해 육신의 주인인 나의 마음을 가꾸는 것이 더욱 우선적인 일이다. 나의 마음을 조화롭게 가꾸는 가장 좋은 방법은 사랑과 감사의 마음을 갖는 것이다. 사랑하고 용서하고 배려하고 감사하는 마음에 언제나 자각과 깨우침이 함께

하고 있다.

내가 가장 행복했을 때, 나는 나를 사랑하고 있었다.
내가 가장 불행했을 때, 나는 나를 미워하고 있었다.
내가 가장 편안했을 때, 나는 나를 알고 있었다.
내가 가장 불안했을 때, 나는 나를 모르고 있었다.
내가 가장 용감했을 때, 나는 나를 신뢰하고 있었다.
내가 가장 비굴했을 때, 나는 나를 의심하고 있었다.
내가 가장 지혜로웠을 때, 나는 나와 함께 있었다.
내가 가장 어리석었을 때, 나는 나를 잊고 있었다.
나 자신만이 나를 가장 사랑하는 연인이 될 수 있다.
나 자신만이 나의 영원한 동반자이자 벗이 될 수 있다.
나 자신만이 나의 위대한 교사이자 스승이 될 수 있다.

그 '나'를 깨우치며 가고 있는 너희는 진정으로 축복받는 존재들이다. 물론 그 축복은 누가 나에게 주는 것이 아닌, 내가 나에게 베푸는 것이다. 감사한 마음을 갖고 행복한 마음을 지닌다는 것은 곧 자신에게 감사함을 전하는 것이고, 자신에게 행복을 가져다주는 일이다. 내가 그런 마음을 먹으면, 다른 사람이 아닌, 내가 먼저 그 마음을 받는 것이고, 그런 다음 그 마음이 다른 이들에게 전해지는 것이다.

수용하는 마음을 일으켜 수용하지 못하는 마음을 수용하는 지혜를 지니며,

사랑하는 마음을 일으켜 미워하는 마음을 사랑하는 지혜를 지니며,

용서하는 마음을 일으켜 증오함을 용서하는 지혜를 지니며,

허용하는 마음을 일으켜 편협함을 감싸 안는 지혜를 지니는 것이다.

그리고 그것은 곧 자신을 수용하고 자신을 사랑하며 자신을 용서하고 자신을 허용하는 것이다.

공동체의 중요성

스승님의 가르침대로 이 공부는 오로지 '나'만을 보고, '나'를 위하며, '나'를 알아가는 공부입니다. 그렇다면 우리가 굳이 단체나 공동체에 속해 공부해야 할 이유나 목적이 있습니까?

석가모니 부처님에게 그의 제자 아난이 물었다.

"세존이시여! 좋은 도반을 만나 공부하는 것이 도의 반을 얻는 것이라 할 수 있습니까?"

부처님께서 말씀하셨다.

"아니다. 도의 전부를 얻는 것이다."

부처님께서 강조하신 '삼귀의三歸依' 중에 공동체라는 대목이 있다. 부처

님의 삼귀의는 다음과 같다.

Buddham Saranam Gacchami
거룩한 부처님께 귀의합니다.
Dhammam Saranam Gacchami
거룩한 가르침에 귀의합니다.
Sangham Saranam Gacchami
거룩한 공동체에 귀의합니다.

공동체는 참으로 중요하다. 부처님과 마찬가지로 예수님도 공동체를 무척이나 소중히 여기고 강조하신 분이다. 그래서 그분들은 항상 제자들과 함께 했으며 항상 함께 몰려다녔다.

나도 한때는 공부라는 것은 혼자 조용히 하는 것이라고 여겨, 부처님과 예수님이 왜 그렇게 제자들과 함께 다녔는지 당시에는 이해하지 못했었다. 불교에서도 혼자서 깨달음을 얻는 것이 무척 어렵다고 하고, 독각을 해도 벽지불밖에 되지 못한다고 하는데, 그 당시엔 이 말도 이해하지 못했었다.

부처님은 속세에 있으면서 속세에 물들지 않는 것이 더 어렵다고 했다. 단체나 모임에 속한 사람들은 저마다 자존심과 콤플렉스가 있고 또 자신이 잘났다고 생각하기에 공동체 속에서 함께 잘 지내기가 매우 어렵다.

하지만 자신이 가진 콤플렉스나 생각의 한계들은 혼자 떨어져 있을 땐 쉽게 알아차릴 수 없다. 그래서 진리를 탐구하는 모임에서 사람들과 함께 있으면, 무언가 하나를 듣더라도 깨우침이 오고 공감이 형성되어 그것을 공유하게 되고, 그것이 또 다른 사람들에게 전해져 도움이 된다.

사람들은 혼자 있을 때 자신의 생각과 상상 속에 곧잘 빠진다. 그런 자신의 생각은 자신을 구속하고 자신을 조종하며, 자신의 상상은 자신의 욕구와 자신의 추측이 원하는 방향으로 펼쳐진다. 하지만 다른 사람과의 대화가 시작될 때, 이러한 환상은 여지없이 깨진다. 그것을 생각이나 상상, 추측이 아닌, 자신의 실존적인 현실로 다가오기 때문이다.

바로 그때이다. 명상은 자신의 생각 속에 빠져 있거나 상상 속에 있는 자신을 보는 것이 아니라, 다른 사람들과의 이견이나 부딪침을 통해 느끼고 인식하고 경험하는 실전 속의 나를 보는 것이다. 나의 부모, 자식, 부부, 친구, 동료, 도반과의 생활, 그리고 그들과의 만남과 대화를 통해, 그 속에서 나를 보고, 나를 인식하고, 나를 성장시키고 성숙시켜 나가는 것, 이것이 최고의 명상 비법이다.

아직도 사람들의 마음속엔 명상과 깨달음, 도에 관한 많은 신기루가 난무한다. 세상을 등지고 세속을 벗어나 깊은 산 속이나 초야에 묻혀 홀로 참선이나 명상을 해야 한다는 그런 신기루 말이다. 그러나 진정한 깨달음, 진정한 도는 나의 가족, 나의 친구, 나의 동료, 나의 도반과 더불어 지내면서 터득되는 것이다.

그러므로 지금 내 옆에 있는 사람들은 질투와 시기의 대상이 아니라 나의 성장과 성숙에 도움을 주는 소중한 스승들이다. 서로 정보를 교환하고 영적 성장을 돕는, 사랑이 충만한 모임은 그래서 참으로 중요하다.

옛말에 '높은 낭떠러지를 보지 않으면 어찌 굴러떨어지는 환란을 알고, 깊은 샘을 보지 않으면 어찌 빠져 죽을 환란을 알며, 큰 바다를 보지 않으면 어찌 풍파가 일어나는 환란을 알리요.'란 말이 있다. 그러므로 공부를 하는 자는 어떠한 경계를 맞닥뜨림에 있어서도 두려움이 없어야 한다.

어느 단체에 가든, 어떠한 스승을 만나든, 어떠한 가르침을 받든, 모든 것은 나에게서 시작하여 나에게로 귀결되기 때문이다. 그 모든 것은 다른 이들의 여정이 아닌 나의 여정이다. 공부의 여정에 있어 어떠한 장애를 만나고 어떠한 시련을 겪더라도, 그것은 다른 것들의 문제가 아닌, 오직 나의 문제임을 인식할 수 있는 지혜와 용기가 있어야 한다.

두려움이 있는 자는 참 진리에 도달하기 어렵다. 그는 늘 두려움 뒤에 자신을 숨기기 때문이다. 자신을 스스럼없이 드러낼 수 있는 용기 있는 자만이 진정한 공부의 성취를 이룰 수 있다. 공동체에 몸을 담을 수 있는 자는 용기 있는 사람이다. 그곳에서 스승을 섬길 수 있는 자는 더욱 용기 있는 사람이다. 그리고 그곳에서 나를 버릴 수 있는 자야말로 모든 두려움을 극복한, 가장 지혜롭고 용기 있는 사람이다.

이 세상에는 나 홀로 존재하지 않는다. 나는 세상 모든 이와 함께 있다. 그러므로 함께한다는 것은 자연의 순리이며 함께한다는 것에 세상의 진리가 있다. 나 혼자만을 고집하는 사람이 있다면 그는 당연히 순리를 거스른 것이고 진리와 멀어지고 있는 것이다. 우리가 모두 함께 존재하고 함께하는 것, 이것이 세상의 이치이다. 공부란 순리와 이치를 배우는 것이니 공유는 곧 공부의 지름길이다.

마이트레이야Maitreya, 즉 미륵은 그 어원이 솥이라는 뜻이다. 솥은 무엇이든 쪄서 익히듯, 우리는 여기서 함께 익어가고 있다. 결국, 미륵이라는 것은 어느 날 나타나서 우리를 구원해주는 구세주가 아니라, 보편성 있는 진리를 공유할 수 있는 공동체이다. 깨달음의 풍요를 함께 누리는

것, 이것이 진정한 미륵의 개념이고 공동체의 의미이다

　함께하는 공동체가 소중한 줄은 알겠지만, 그것을 빌미로 종교와 사상을 강요하고 단체와 조직에 개인을 속박시키는 곳도 있습니다.

　성경 구절에 '길 잃은 양'이라는 표현이 있다. 교회의 성직자들에 의해 이 말은 하나님을 믿지 않는 사람들에게는 일종의 경고가 되고, 예수를 따르지 않는 사람들에게는 일종의 권고가 되며, 기독교를 부정하는 사람들에게는 일종의 충고가 되기도 한다.

　이들에게 길은 특정한 신앙과 종교이다. 그것이 비단 특정한 종교가 아닐지라도, 도와 깨달음, 진리를 표방하는 수많은 단체와 조직들이 저마다 자신이 내세우는 교리와 논리와 이론을 펼치며 그것이 올바른 길이라고 주장하고 있다. 그리하여 자신들과 생각과 뜻이 다른 무리는 곧 길 잃은 양들이 되고, 한때 몸담고 있던 단체와 조직에서 떠나간 사람들 또한 길 잃은 양이 된다.

　하지만 이제 너희도 잘 알고 있듯 진정한 길이 있다면 그것은 어떤 길일까? 그 길은 깨달음의 길도 아니고 진리의 길도 아니며 도의 길도 아닌, 나 자신이 바로 진정한 길이다. 길 잃은 양이란 이러한 나 자신을 벗어나 나 이외의 다른 무엇을 찾아 헤매고 있는 사람이다.

　모든 것이 나에게 달려 있음을 깨닫지 못하고, 모든 것이 내 마음먹기에 달려 있음을 자각하지 못하고, 내 마음의 구속과 내 마음의 한계로 만들어 낸 막연한 환상을 붙잡기 위해 여기저기 기웃거리는 사람이 있다면, 그가 바로 길 잃은 양이다.

나는 길이다. 내가 곧 길임을 자각하는 것, 이것이 진리이다. 진리는 내 안에 있는 것이기에 나는 길이요 진리이다. 나는 모든 종교와 신앙과 교리를 있게 한다. 나는 모든 논리와 이론과 개념을 창조한다. 나는 모든 철학과 사상과 학설을 만들어 낸다. 나는 모든 것의 생명이다. 그러므로 나는 길이요 진리요 생명이다.

이러한 진실을 자각한 성숙하고 성장한 자는 스승도 공동체도 부정하지 않는다. 나는 더 이상 그 무엇을 찾고 얻기 위해, 추종하거나 따르기 위해 여기 모인 것이 아니다. 나는 모든 것이 감사했음을 알고 모든 것이 이미 충만했음을 알기에, 나는 즐거운 마음으로 다른 이들과 함께 공유하고 함께 경험하고 함께 누리기 위해 한자리에 모였다.

촛불이 하나씩 켜져서 방 안이 밝아지듯, 광도가 더해져 점점 더 밝음의 영역이 확장된다. 백 개의 촛불에 한 개가 더해질 때, 그 한 개로 인해 백한 개의 광도가 이루어지며, 그 한 개의 촛불 또한 함께함으로 인해 백한 개의 광도를 갖게 된다. 이같이 진리를 공유하고 빛을 나누는 일은 참사랑을 나누는 일이다. 공동체로 인해 우리뿐만 아니라 나아가 세상 또한 더욱더 밝아질 것이다.

견성과 견성인가 見性印可

스승님께서는 제자들에게 견성을 인가하고 있습니다. 하지만 일각에서는 스승님의 견성인가에 대해 곱지 않은 시선을 보내기도 합니다.

일반적으로 생각하는 견성, 특히 불교계에서 말하는 견성은 오랜 세월 동안의 구도와 수행을 통해 선근을 닦아야 겨우 도달할 수 있는 지고의 경지를 일컫습니다. 그렇다면 스승님께서 말하는 견성이란 무엇이며 또 견성인가란 무엇입니까?

우리는 어린아이가 자라서 어른스러운 행동을 하면 철들었다는 말을 한다. 마찬가지로 어른이 되어서도 아직 어린아이 같은 행동을 하면 아직 철이 덜 들었다는 말을 한다. 내가 보는 관점에서의 견성이란 이렇듯 의식의 철듦을 의미한다.

의식의 철듦이란, 그 모든 원인이 남이 아닌 나로 인해서 비롯되고 있음을 인식하는 것이며, 내가 만들어 놓은 내 생각과 감정의 주인이 바로 '나'임을 자각하는 것이다.

누구나 알다시피 사람이 철이 든다는 것은 하루아침에 일어나는 일이 아니다. 그렇다고 꼭 일정한 시간이 흘러서 되는 것만도 아니다. 가만히 시간이 흐른다고 해서 모든 이들이 철이 드는 것이 아니듯, 철이 든다는 말에는 반드시 의식적인 노력이 깃들어 있음을 인지해야 한다.

이러한 철듦, 즉 자신을 성장시키고 성숙시키기 위해서는 자신에 대해 숙고하고 자신에 대해 의식적으로 통찰하는 노력이 동반되어야 한다. 그리하여 나에 대해 사려 깊은 통찰을 할 때, 그 모든 것의 중심에는 다른 누구도 아닌, 나 자신이 항상 그곳에 있었다는 진실을 깨치는 것이다. 이렇듯 나에 대한 심사숙고가 있을 때, 나는 나를 구속하던 나의 속박에서 벗어나 자유로운 '나'로 한층 발돋움하게 되는 것이다.

얼음과 물과 수증기가 있어 이것들을 서로 다른 이름으로 부르지만, 이들은 서로 다른 게 아님을 우리는 알고 있다. 그것은 단지 물의 본질이 저마다 머물러 있는 상태가 다를 뿐임을 우리는 잘 알고 있다.

따라서 우리의 에고는 얼음처럼 부자유와 제약을 갖는 물의 한 형태에 불과하다. 그러므로 에고는 부처의 의식과 본질적으로 다르지 않다. 그것은 얼음과 수증기의 차이일 뿐 성분이 틀린 것이 아니다. 그것은 자유와 부자유의 차이일 뿐 근본에 다름이 있는 것이 아니다. 얼음이 녹아 물이 되어 그것이 수증기로 화해 허공 속으로 사라져도 그 근본은 변하지 않는다. 거기에는 단지 형태에 대한 자유의 차이가 있을 뿐이며, 머물고 있는 상태에 대한 구속과 한계의 정도가 다를 뿐이다.

견성이라 함은 말 그대로 자신의 성품을 보는 것이다. 자신의 성품이란, 무릇 나 외에 다른 성품이 따로 있지 않고 자신을 벗어난 신의 성품이 있을 수 없으며, 그러므로 자신 안에서 신의 성품을 발견하게 됨을 뜻한다.

그 말은 '모든 중생이 곧 부처'라는 석가모니의 말씀과 일맥상통합니다. 하지만 그렇다고 해서 모든 사람에게 견성인가를 해줄 수는 없습니다.
스승님께선 외부의 곱지 않은 시선을 감수하면서까지 제자들에게 견성인가를 하시는 이유는 무엇입니까?

TV에 보면 장기자랑이라는 프로그램이 있다. 자신의 장기라 할 만한 재능을 남들에게 선보여 대외적으로 인정을 받는 프로그램이다. 그리고 심사위원들은 모든 사람이 공감할 수 있는 판단 기준을 참가자들에게 적용하여 순위를 매기고 참가자들을 시상한다.
나는 견성인가를 한다. 언뜻 인가라는 형식을 단순히 생각하면, 잘한 사람에게 상을 주는 시상식의 성격으로 오해하기 쉽다. 그러나 사실 견성인가는 전혀 다른 성격과 의미를 갖는 절차이다. '잘해서'라는 취지보다는 '필요에 의해서'라는 취지에 더 가깝다.

물을 필요로 하는 어떤 사람들이 있다. 이들에게 필요한 것은 물이다. 왜냐하면, 물은 현재 그들의 상황에서 반드시 필요한 것이기 때문이다. 그들은 목이 말라 있었고 물을 원했다. 물을 필요로 하는 사람들에게 물을 주는 것, 이것이 견성인가이다.

나는 견성인가를 필요로 하는 사람에게 인가를 내려준다. 그리고 당연히 그 판단은 내가 한다. 나 또한 과거에 목말라 봤던 사람이기 때문이다. 그러므로 그 기준은 주관적일 수도 있다. 스승이 생각하는 목마름의 기준이기 때문이다. 하지만 이것 또한 중요한 사안이 아니다. 나에게 있어 목마른 현상이 찾아오면 물 이외에는 생각할 겨를이 없다. 그저 자신이 원했던 물을 마시기만 하면 되는 것이다.

스승은 그 후를 장담할 수도 없다. 물을 마시고도 계속해서 갈증을 호소하는 사람, 물을 마시고도 안 마신 것 같다고 우기는 사람, 물을 마시고도 가짜 물을 마신 것 같다는 사람이 계속해서 생겨날 수 있기 때문이다.

하지만 제자가 목말라 할 때 스승이 준 물은 과연 무엇이었을까? H2O일까? 아니다. 이는 상징이며 비유이다. 스승이 제자들에게 준 물은 '자각'이라는 물이다. 어떠한 자각인가? 목마름이라는 현상은 나 자신이 만들어 낸 내 생각의 목마름이었다는 사실을 일깨워주는 자각이다. 제자는 목말라 했다. 그리고 스승은 물을 주었다. 그 물은 바로 목마름의 허상을 일깨워 주는 자각의 물인 것이다.

견성인가는 일종의 형식과 전통에 불과하다. 운전을 하는 데 있어 면허증이 있다고 해서 반드시 운전을 잘하는 것이 아니고, 또한 면허증이 없다고 해서 운전을 못하는 것도 아니다. 면허증 제도란 단지 운전의 기법과 이론을 체득시키기 위한 방법론일 뿐이다. 즉, 견성인가란, 자각의 당위성과 필연성을 유발시키기 위한 장치에 지나지 않는다.

운전을 함에 있어 용기가 부족하여 지나치게 서행운전을 해도 실격이 되고, 자만하여 너무 과속해도 면허증은 발급되지 않듯이, 견성인가 또한 일련의 마음상태를 보는 이 같은 룰이 적용될 뿐이다. 그러므로 인가를 받았다고 해서 그것으로 내가 다른 인격을 갖게 된다든가 내가 다른 존재로 갑자기 변모됐음을 뜻하는 것이 아니다. 견성은 내가 내 마음의 주인이자 운전자로서, 내 마음에 의해 펼쳐진 세상을 주유하기 위한 출발 선상에 섰음을 알리는 신호이다.

내가 그들에게 견성을 인가했지만, 사실 나는 견성이라는 상태에 비중을 두지는 않는다. 중요한 것은 역시 '나'이기 때문이다. 그저 달리는 말에 채찍을 한 번 때리는 것일 뿐, 그 채찍 한 번 때리는 현상에 뭐가 있을까? 말이 드디어 달리기 시작했고, 달리는 말에 채찍을 가함으로써 달림이 유지되도록 하는 것, 이것이 견성인가의 이유이자 용도이다. 달림의 관성이 곧 업의 관성으로부터 벗어날 수 있는 유일한 방법이 되기 때문이다.

하지만 세간의 사람들은 달리는 말보다는 채찍에 비중을 두어 견성에 대한 구구절절한 말들을 한다. 견성의 상태가 어떻고, 이리저리해야 견성을 하고, 이런 것은 올바른 견성이 아니고 저런 것은 정통에 어긋나며 경전의 내용과 다르다는 등 견성에 대한 무수히 많은 생각과 말들을 만들어 낸다.

　물론 다 좋다. 모두 다 내가 하고 싶어 하는 것인데 무엇인들 문제가 있을까? 내가 그렇게 믿고, 내가 그렇게 이해하고 또 내가 그렇게 주장하는데 누구도 그걸 말릴 순 없다. 그러나 여기에서의 핵심도 여전히 다 '내가 한다'는 것이다. 그 외에는 모두 다 내가 나 자신에 대하여 잔소리를 하는 것이다. 이래야 하고 저래야 한다는 것은 다 내가 나에게 하는 잔소리이다.

　견성은 이래야 하고 깨달음은 저래야 한다고 견성과 깨달음이 스스로 말하진 않는다. 모두 다 내가 그러는 것이다. 그럼에도 불구하고 견성이나 깨달음에 대한 개념에 자신의 생각과 마음을 빌려주어, 마치 견성과 깨달음이 나를 지휘하는 사람 노릇을 한다. 주인인 나는 사라지고 개념이 주인 노릇을 해 이러쿵저러쿵 의미 없는 잔소리를 해댄다. 이것을 두고 나는 개념의 노예, 관념의 노예라고 하는 것이다.

　나는 너희에게 '나'에 대한 깊은 통찰을 하라고 했다. 그렇다면 무엇이 깊은 통찰인가? 그것은 바로 상식이다. 무엇이든 내 마음먹기에 달려 있고, 무엇이든 내가 다 한다는 지극히 당연한 상식을 말하고 있는 것이다. 깊은 통찰이라고 해서 또 다른 경지나 상태를 말하는 것이 아니다. 그냥 나 자신에 대해 정신을 차리고, 내가 다 한다는 것을 인지하는 것이다. 그리고 견성은 그것을 재촉하고 격려하는 채찍질이다. 그러므로 주체는 말이지 채찍이 결코 아니다.

그렇다면 제자에게 견성인가를 내리는 스승님의 기준은 어떤 것입니까?

과거 선사들의 행적을 보면, 선사와 제자 간에 많은 선문답이 쏟아지고, 선사의 툭 던지는 한마디에 제자는 퍼뜩 깨닫는다는 그런 글들을 보아왔을 것이다.

그러면 이 퍼뜩 깨닫는다는 것은 뭘 의미할까? 선사의 말 한마디에 진리가 있고 깨달음이 있어서 그것을 들은 제자가 퍼뜩 깨달은 것일까? 그렇다면 그 광경을 본 주위의 다른 제자들과 그 광경을 전해들은 다른 선승들 그리고 지금까지 전해 내려온 많은 선사의 행적과 가르침을 접한 구도자들이 똑같이 퍼뜩 깨닫지 못하는 이유는 무엇일까? 똑같이 보고 듣고 이해했는데 왜 어떤 사람은 퍼뜩 깨닫고 어떤 사람은 고개를 끄덕이며 또 어떤 사람은 고개를 갸우뚱하는 것일까?

똑같은 이야기를 들어도 서로 다른 반응이 나오는 이유는, 선사의 가르침에 무엇이 있는 게 아니라 받아들이는 사람의 마음에 열쇠가 있기 때문이다. 하지만 그렇다고 해서 그것이 받아들이는 사람의 이해와 긍정 혹은 부정에 의해 좌우된다는 것은 아니다. 그것은 바로 듣는 사람의 성장에 있다.

과거에도 많은 선승이 다른 선사들의 깨달음의 현장을 목격하고, 그 상황을 이해했으며, 자신들도 똑같이 흉내도 내보았다. 하지만 그때마다 돌아오는 것은 몽둥이세례였다. 분명히 깨달은 자와 똑같이 답을 냈는데도 불구하고 어떤 사람에게는 인가가, 어떤 사람에게는 욕설과 몽둥이세례가 퍼부어졌다. 당연히 성장이 안 됐기 때문이다.

여기 어린아이와 어른이 있다. 어린아이도 사물을 볼 때 어른과 똑같이 눈으로 보고 귀로 들으며 생각을 하고 분별을 한다. 나름대로 이해도 하고 판단도 한다. 하지만 어린아이와 어른은 같을 수가 없다. 즉, 성장에서 차이가 있는 것이다.

어떤 제자가 일 년 전에 "깨달음은 무엇입니까?"라고 묻는 것과 일 년이 지난 현재의 그가 똑같이 질문한 "깨달음은 무엇입니까?"는 천지 차이가 있다. 그것은 질문에 차이가 있는 것이 아닌, 그 사람의 상태에 차이가 있기 때문이다. 일 년 동안 치열하게 그 의문을 풀려고 노력해 왔지만 아직도 벽에 부딪혀 있다고 질문하는 그와, 그저 새로운 물건 하나 구경하듯 툭 던지며 질문하는 그와의 차이는 실로 크다.

이때 스승의 답은 간단히 나간다. "너의 마음에 있다!"

이 말을 듣는 순간, 과거의 그는 고개를 끄덕일 뿐이지만, 현재의 그는 퍼뜩 깨달을 수 있다. 이처럼 나 또한 제자들의 성장을 보는 것이다.

과거 석가모니 부처님께서 제자들에게 설법을 하고 나면, 법문을 경청했던 제자들을 찬찬히 둘러보고는 누구는 무슨 과를 얻었고 누구는 무슨 과를 증득했다고 말씀하셨다고 한다. 하지만 이제 너희도 잘 알다시피 이해는 누가 누구에게 주는 것이 아니고, 깨우침은 외부에서 일어나는 것이 아닌 자신에게서 일어나는 일인데, 왜 부처님은 이 같은 말씀을 하셨을까?

수많은 제자가 똑같이 부처님의 설법을 들었는데, 왜 누구는 무슨 과를 증득했다고 하고 왜 다른 이에게는 그러한 언급이 없었을까? 공부하는 제자들의 자세에 우열반이 있었던 것일까? 공부하는 제자들의 타고난 근기에 차이가 있어서일까? 그렇지 않다. 그것은 일종의 반응일 뿐이다.

깨달음은 한편으론 일종의 반응 현상이다. 그리고 모든 사람의 반응은 같을 수가 없다. 그렇다고 해서 쉽게 일찍 반응하는 사람은 지혜롭고, 어렵게 늦게 반응하는 사람이 어리석은 것도 아니다. 그 반응의 척도는 철

저하게 자신이 가지고 있다.

나는 이 정도에는 이런 반응을 할 것이고, 이 정도에는 이런 반응을 하겠다고 온전히 자신 스스로 설정해 놓았을 뿐이다. 그러므로 부처님께서 누구누구는 무슨 과를 증득했다 함은, "너희가 나의 가르침에 이러이러한 반응을 보였다."는 것을 뜻한다.

내가 인가를 하는 것도 마찬가지이다. 나의 가르침에 대하여 깨달음의 반응을 일으켜 준 사람에게 나는 그 반응의 이름을 견성이라 불러주는 것일 뿐이다. 그러니 깨달음의 반응을 일으킨 사람이나 그렇지 않은 사람이나, 주권은 자신에게 있는 것이지 스승에게 있는 것이 결코 아니다. 반응해도 그만 안 해도 그만, 모두 자신의 의지에 달려있다. 그러므로 반응을 한 사람과 안 한 사람과의 비교도 있을 수 없다. 그것은 단지 자신의 선택의 차이만이 있을 뿐이다. 견성은 너희의 선택인 것이다.

나의 이 말에 공명해 너희가 견성에 대해 올바른 이해를 하든 하지 않든 이 또한 너희의 선택에 달려있다. 그러니 견성이라는 이름 아래 너희는 전혀 스트레스를 받을 필요도 없고 남에게 스트레스를 주어서도 안 된다. 다시 한 번 말하지만, 그것은 본인들의 선택의 문제이다. 그리고 무엇보다 가장 중요한 사실은, 언제 어느 때고 무슨 일이 있든지 간에, 주권은 신과 부처나 스승이 아닌, 바로 나 자신이 가지고 있다는 사실을 자각하면 되는 것이다.

잘 알겠습니다. 일반적으로 생각하는 견성은 공부의 완성, 즉 궁극의 경지에 도달하는 것인데 반해 스승님께서 말씀하시는 견성은 이와는 많이 다른 것 같습니다.

견성이 공부의 완성이 아니라면 견성 이후의 공부가 있습니까? 있다면 견성 이후의 공부는 어떠한 공부입니까?

견성은 공부의 완성, 공부의 끝이 아니라 진정한 공부의 시작이다.

깨달음이라는 단어, 견성이라는 말은 불교의 전유물이라고 해도 과언이 아닐 만큼 불교의 핵심교리이자 불교의 교조인 석가모니 부처님의 핵심 가르침이다.

석가모니 부처님은 자신이 얻은 깨달음을 제자들에게 설파하였고, 그의 제자 가섭을 자신과 동등한 깨달은 존재로 인정하여 당신에 이은 스승의 역할을 가섭에게 맡김으로써, 그때부터 깨달음은 모든 구도자의 이슈가 되었고 곧 그들의 목적과 목표가 되었다.

가섭 이후 유명무실해진 석가모니 부처님의 법통은 그로부터 오랜 세월이 지난 후, 보리달마라는 바라문이 인도의 국경을 넘어 중국에 가르침을 설파하면서부터 다시금 깨달음에 불을 지피게 되었다. 그리하여 선불교라는, 교리보다는 깨달음을 중시하는 새로운 패러다임의 불교가 활발히 전개되어, 가르친 사람이 배운 사람을 자신과 동등하게 인정해 주는 인가의 바람을 타고 여기저기서 깨달음을 얻은 선승과 각자들이 출현하게 되었다.

〈백한번째 촛불〉에서 너희가 얻은 깨달음, 견성이란 무엇인가? 나의 주체성을 자각하는 것이다. 나의 주체성이란, 곧 내가 모든 것의 주체임을 인식하는 것이다. 내가 모든 것의 주체라고 하는 이 말에는 깨달음, 견성을 비롯한 모든 말과 개념의 주체가 바로 '나'라는 함축된 의미가 담겨있다.

모든 것의 주인은 나이다. 모든 것이 내 안에 있고 내 마음에 달려있음을 너희는 깨우쳤다. 그리하여 도, 깨달음, 견성…… 이러한 것들을 추구하게 된 원인이, 만족을 위한 내 마음의 불만족에서 비롯되었음을 알았다. 바로 나의 불만족한 마음이 근본적인 원인이었다. 깨달음, 견성, 해탈, 이러한 것들은 공허한 나의 마음이 추구했던 뜬구름, 신기루 그 이상의 것이 아니었다.

석가모니 부처님은 어느 날 자신의 이러한 불만족한 마음이 자신을 7년 간 끌고 다녔다는 사실을 깨달았다. 부처님이 그때 자각한 것은, 그 모든 것이 자신이 만든 자신의 불합리였다는 사실이었다. 그리고 그는 마침내 자신의 불합리에 종지부를 찍었다. 나는 더 이상 나 자신을 괴롭히지 않겠다, 나는 더 이상 깨달음의 환상으로부터 나 자신을 힘들게 하지 않겠다고 선언한 것이다.

나는 깨달음을 가시를 뽑는 핀셋에 비유했다. 가시를 뽑은 핀셋은 더 이상 필요하지 않다. 그러므로 가시가 뽑히는 순간 핀셋은 동시에 사라진다. 가시가 사라진 이상 더 이상 핀셋에 집착할 필요가 없는 것이다. 그러나 핀셋의 진정한 역할은 무엇이었나? 가시를 뽑는 것이었나? 아니다. 그곳에 애초에 가시는 없었다는 자각, 가시는 내가 만든 내 마음의 가시였다는 자각, 바로 이러한 자각이 핀셋의 진정한 역할이었다.

깨달음은 거창한 것이 아니다. 견성은 저 멀리, 저 높은 곳에 존재하는 요원한 그 무엇이 아니다. 단지 내가 만든 것에 내가 스스로 갇히고 내가 스스로 괴로워하는, 내가 만든 불합리한 상황으로부터 탈피하는 것이다. 과거의 석가모니 부처님이 그러했고 그의 제자인 가섭이 그러했으며 보리달마가 그러했고 혜능이 그러했으며 그 외의 무수한 선사가 그러했다.

자신이 만든 자신의 불합리에서 벗어나는 데 경지와 수준이 따로 있을 수 없다. 견성에 진짜와 가짜가 있을 수 없고, 깨달음에 높고 낮음도 있을 수 없다. 해탈로 가는 단계도 없다. 이러한 이야기는 모두 다 허튼소리다.

깨달음을 얻어야 하는 당위성에 대해서도 구구하고 장황한 설명이 필요 없다. 석가모니 부처님은 생로병사라는 지극히 당연하고 단순한 인생의 무상함에 자극받아 구도의 여정을 시작했고, 그 후에 등장한 무수한 각자도 마찬가지이다. 그들이 깨달음을 추구한 동기나 과정에 복잡하고 난해한 요소들은 아무것도 없었다. 깨달음에 대한 동기부여를 심어주기 위해 애쓰는 나 같은 스승도 그들에게는 필요치 않았다. 오로지 깨달은 스승의 존재 자체만으로도 그들에게는 충분했었다.

그들에게 깨달음은 자신의 인생의 모든 것에 우선하는 영순위의 일이었다. 그러므로 이들에게 깨달음을 얻기 위한 지성은 그다지 필요치 않았다. 생로병사 하나만으로도 깨달음을 얻기 위한 동기부여가 충분했던 석가모니 부처님과 마찬가지로 그들은 깨달음에 올인했고, 그리고 깨달음을 얻었으며, 그런 깨달음이 그들에게는 너무도 소중하고 귀한 것이었기에 그들은 계속해서 각성을 거듭하고 거듭하는 오성悟性적인 존재로 변모해갔다.

사람에게는 지성과 오성이 있다. 지성을 통해 얻은 깨우침 또한 사라지진 않지만, 항상 이해를 동반해야 하는 지성을 통해서는 모든 이원성과 상대성이 사라진 내 안의 하느님의 세계로 가는 길은 결코 쉽지 않다. 그것은 불가능한 일은 아니지만, 마치 지구를 한 바퀴 돌아 자신의 뒷모습을 보겠다는 막연하고 머나먼 여정의 길과도 같다.

노자는 도덕경 첫 구절에, "말할 수 있는 도는 도가 아니다. 그러므로 도를 말하는 자는 도를 알지 못한다."라고 했다. 말할 수 있는 도, 즉 내가 만들어낸 도, 만들어진 개념의 도가 어찌 진정한 도라 할 수 있느냐는 말이다. 더불어 알게 된 그것, 이해된 그것도 모두 형상으로 지어진 것에 또 하나의 상을 갖는 것일 뿐, 모든 것을 만들어내는 참다운 도의 자리에 있는 나를 깨우치라는 일침이었다.

소를 타고 소를 찾아 떠났던 오랜 내 마음여행의 서막이 시작되어, 모든 것이 내 마음먹기에 달려 있다는 일체유심조의 위대한 진리의 목적지에 이제 너희는 도착했다. 그동안 참으로 나 자신을 미혹하게 하고 미망에 빠트리고 혼란을 주었던 것은 결코 진리가 아니었고 깨달음이 아니었으며 도가 아니었다. 그것은 바로 나 자신이었고 내 마음이었다.

예전의 나는 그것을 몰랐고 자각하지 못했기에, 수많은 세월 그것을 찾으려 헤매었고 그것을 얻기 위해 발버둥 쳤으며 그것을 알기 위해 노력해 왔다. 하지만 나는 이제 안다. 나는 이제 자각하고 있다. 모든 것이 내 마음먹기에 달려 있고 나는 이미 가지고 있고 갖추고 있었다는 것을, 그리하여 더 이상 구하고 얻으려 하지 않아도 된다는 사실을.

지금까지의 공부가 나를 모르고 내 마음을 자각하지 못한 부족과 불만과 열등감이 빚어낸 내 마음의 환상여행이었다면, 이제부터의 공부는 나를 알고 내 마음을 자각하여 만족과 충만함과 자신감이 넘치는 내 마음의 실제 여행을 하는 것이다.

그래서 견성은 공부의 끝이 아니라 진정한, 그리고 실제적인 공부의 시작이다. 이해와 지성의 차원에서 이제는 오성을 동반한 진정한 앎과 체험과 체득의 길을 가는 것이다. 생각이 만들어 내는 개념과 관념의 노예가 되어 이리저리 끌려다니던 꿈같은 과거의 삶을 청산하고, 생각을 만들어

내는 마음의 주체로서 창조의 세계를 경험하고 누리며 사는 것이다.

이제 내 앞에 놓인 여정은 불확실하고 불확정적이지 않다. 나에게 있어 더 이상의 미혹과 미망은 존재하지 않는다. 나는 알고 있고 자각하고 있기 때문이다. 모든 것이 나에 의한 것이고 내 마음먹기에 달려 있다는 진실 중의 진실을 알고 있고 자각하고 있기 때문이다. 더 이상 과거에 미련을 가질 필요가 없고, 더 이상 현실에 주저할 필요도 없으며, 더 이상 미래에 대한 두려움을 가질 필요도 없다. 나는 그 어떤 것들에도 소속되어 있지 않다. 그 모든 것들은 나의 소유이다. 나는 그러한 것들의 노예가 아닌 주인이기 때문이다.

이제 내 앞에는 주인의 의식을 가지고 주인의 삶을 살아가는 경험만이 남아있고 누리는 삶만이 남아있을 뿐이다. 그리고 이것이 견성 이후의 공부이며 깨달음 뒤의 깨달음이다.

나는 누구인가?

이제 스승님과의 오랜 대화를 마무리할 때가 된 것 같습니다. 마지막으로 해주시고 싶은 이야기가 있으신지요?

그렇다면 일체유심조의 진실을 이해한 전체적인 맥락에서, 지금부터는 우리가 나눈 대화의 주제들을 전체적으로 되돌아보는 시간을 갖도록 하자. 이를 통해 내가 미처 얘기하지 못한 부분과 강조하고 싶은 것들을 더 말해 주도록 하겠다.

성장과 성숙에 관하여

어린 아기들은 손에 잡히는 건 아무거나 입에 넣고 또 잘 울고, 투정도 자주 부리고, 쉽게 놀라기도 하고, 조그마한 일에도 두려워한다. 소심하다는 표현을 쓰기에도 적절하지 않은, 한마디로 어리디어린 아기의 마음이라 할 수 있다.

그러나 아기는 점차 자라면서 먹을 것과 못 먹을 것을 가리게 되고, 조금 더 커서는 상황을 봐서 참을 줄도 알고, 어느덧 남에게 양보할 줄도 알게 된다. 자기밖에 모르던 아기가 점점 자라서 남을 배려할 줄 아는 어른으로 성장해간다.

너희는 자신의 어린 시절의 일들을 회상하면서 자기도 모르게 입가에 멋쩍은 미소를 지으며 부끄러워하기도 할 것이다. 이것이 어른으로 성장한 현재의 내가 과거를 돌아보며 느끼는 감정이다. 하지만 어른이 된 지금도 내용만 다르고 정도만 다를 뿐, 너희는 어릴 때와 마찬가지로 여전히 무언가를 욕구하고 욕심을 내며 집착하고 비교하고 질투를 한다.

그래서 너희는 그런 자신을 바꾸기 위해, 나는 변해야 하고 나는 깨달아야 한다고 말한다. 이런 식으로 너희는 깨달음을 생각의 변화나 감정의 변화를 꾀하는 개념으로 생각한다. 그러나 깨달음은 욕심을 내는 마음을 욕심을 내지 않는 마음으로 변화시키는 것도 아니고, 욕구를 무욕으로 바꾸는 것도 아니다. 깨달음은 의식의 변화와 의식의 전환을 불러오는 성장의 과정이다.

부단한 자각을 통해 나의 의식이 성장함에 따라 나는 자연스럽게 나의 욕구와 집착과 욕심이 미미해짐을 느끼게 된다. 현재의 두려움, 공포, 불안, 초조, 답답함이라는 감정 또한 나의 의식이 성장함에 따라 점점 희미해지고, 나중에는 그 흔적조차 찾아볼 수 없을 정도로 미미해진다. 왜냐하면, 내가 성장했기 때문이다. 당시에는 그토록 절실하고 절대적이었던 나의 오감과 육식에 의해 일어났던 감각과 감정들이 이제 나의 성장한 의식의 관점으로 보니 그 크기가 볼품없이 작고 왜소하게 보인다는 것이다.

이는 생각의 전환도 아니고 감정의 변화도 아닌, 내 의식의 성장에 따라 자연스럽게 나의 주관과 시야가 폭넓어졌기 때문이다. 마찬가지로 한때는 나의 전부였고 나의 모든 것이었던 나의 철학, 나의 인생관, 나의 가치관, 나의 주관, 나의 개념들이 성장한 나의 관점으로 보면, 모두가 아득한 소싯적 내 생각의 파편들에 지나지 않았음을 인식하는 것이다.

이렇듯 의식의 성장과 깨달음은 어떤 상태에서 다른 어떤 상태로 옮겨가는 것도 아니고 어떤 새로운 경지에 드는 것도 아니며 어떤 주제에서 다른 주제로 바뀌는 것도 아니다. 의식의 성장은 이러한 내 안의 작은 변화들이 아닌, 나 자체가 커지는 것이다. 그러므로 내가 작았을 때 나에게 위협이 되고 크게 느껴졌던 그 모든 것들이 상대적으로 작아졌음을 느끼게 된다는 것이다.

사람들이 깨달음의 상태, 혹은 깨달음의 경지를 일컬어 내가 사라진다, 에고가 소멸된다, 우주와 합일이 된다, 전체와 하나가 된다, 허공이 된다, 절대 무의 상태가 된다고 말들 하지만, 성장하고 성숙한 나에게 이제 그러한 이야기들은 어느덧 진달래 먹고 물장구치던 내 어린 시절의 소꿉장난처럼 여겨지는 것이다. 왜냐하면, 의식의 성장을 이룬 나는 이미 그러한 의식 상태를 관망하게 되고 그러한 경지를 바라보게 되며 그러한 주제를 달관해 버린 위치에 있기 때문이다.

내가 작았을 당시에는 아득하고 높게만 보였던 그러한 상태와 경지의 이야기들이 의식의 성장을 이루어 커진 나의 관점에서 보니 모두 다 하찮은 해프닝에 지나지 않았음을 알게 된 것이다.

지금까지 이 부분은 도와 진리를 추구하는 구도자들에게 많은 혼란을 주었다.

"궁극의 깨달음에 도달하면 어떤 상태가 되는가? 어떤 도를 터득하는 것인가? 어떤 경지에 드는 것인가? 그리고 그러기 위해 나는 무엇을 해야 하는가? 모든 걸 포기해야 하는가? 모든 걸 버려야 하고 모든 걸 비워야 하는가? 내가 사라져야 하는가?"

아니다. 내가 한때 그러한 것으로 고민하고 고심하고 고초를 겪었었지…… 하며 나의 어린 시절을 회상하듯이 나의 의식을 어른의 의식으로 성장시키고 성숙시키는 것이다. 나의 성장한 의식으로 봤을 때 그러한 것들이 한낱 꿈에 불과한 것들이었고, 젊은 시절 내가 한때 그러한 것들로 인해 방황했던 추억거리로 간직될 수 있도록 내가 성장하고 성숙하는 것이다. 그러므로 나는 사라지는 것이 아니고 나의 성장한 의식이 그 자리를 대신하는 것이다.

여기 많은 장난감이 있다. 어린아이 때 그저 입에 물고 놀던 장난감에서부터 조금 지나 빛과 소리를 내 주의를 끄는 장난감이 있고 사람과 동물의 형상을 지닌 각종 인형, 모형로봇, 자동차들이 있다. 그리고 많은 탈것들도 있다. 아이가 성장해감에 따라 아이들은 이제 장난감에서 뛰어노는 놀이터로 관심이 바뀐다.

아이 때는 모든 것이 신기하기만 하다. 이러한 장난감들이 어떻게 존재하는지, 이 놀이터는 어떻게 만들어졌는지에 대한 지각보다는 그저 가지고 놀고 뛰어노는 것에만 정신이 팔려 있다. 하지만 그 아이가 어른이 되면, 그는 사회의 구성원으로서 자신이 어릴 때 가지고 놀았던 장난감과 놀이터를 직접 만들어 내는 위치에 서게 된다. 모든 장난감이 자신의 아이디어에서 나오고 자신의 손을 통해 만들어지며 자신의 생각으로 놀이터가 설계되고 건설된다.

세상에는 지금 수많은 장난감이 존재한다. 그리고 세상에는 이러한 장난감들에 빠져있는 수많은 어린이가 존재한다. 무엇이건 자신의 입으로 가져가는 아기의 소유욕을 나타내는 욕구의 장난감부터, 세상이란 커다란 놀이터를 만들어 놓고 수많은 탈것을 통해 이동해 다니며 시간과 공간이라는 놀이의 규정을 만들어 온갖 유희를 즐기는 어른의 장난감까지.

그러나 아이는 이제 어른으로 성숙함에 따라 이 모든 장난감을 자신이 만들어 내었음을 자연스럽게 자각하게 된다. 자신이 가지고 놀았던 그 모든 장난감이 자신의 생각을 통해, 자신의 손을 통해서 만들어졌음을 알게 된다. 종국에는 천지창조, 생로병사, 희로애락⋯⋯ 모두 자신이 만든 장난감이었고 자신이 설계한 놀이터에서 벌어졌던 일들이었음을 알게 된다.

그리고 언젠가 그는 자신이 이제 더 이상 장난감을 가지고 노는 어린아이가 아니며 더 이상 놀이터에서 뛰어노는 어린아이가 아님을 자각하게 된다. 그는 결국 모든 것을 알게 된다. 나는 모든 창조의 장난감과 창조의 놀이터를 만들어 내는 어른이라는 사실을, 내가 바로 신이라는 사실을 알게 되는 것이다.

신은 자신 안에 모든 것이 다 있는 존재이다. 비록 자신 안에 있는 것들이 미미하기 이를 데 없다 할지라도 신은 자신 안에 있는 그 모든 것들을 다 수용하고 허용하고 포용하고 이해하고 사랑한다. 신은 그것 또한 자신의 일부로서 존재하고 있음을 자각하고 있기 때문이다.

너희 또한 자각을 통한 의식의 성장을 이루어 이처럼 신이 되는 것이다. 이렇게 지금 너희는 성장해 나가고 있다. 그리고 이것이 깨달음을 통한 궁극의 경지를 가장 올바르게 표현한 것이다.

죽음과 사후세계에 관하여

육체의 활동이 정지되어 있음에도 의식적인 활동을 한다는 측면에서 꿈과 죽음은 유사한 공통점을 가진다. 하지만 육체를 떠나 벌어지는 사후세계는, 육체에 머물고 있기에 그럴 수밖에 없는 희미하고 추상적인 꿈의 세계와는 전혀 다른, 뚜렷한 인식과 미세한 감각과 명료한 느낌을 갖는 세계이다.

꿈이란 프로이트가 정의한 대로 인간의 억압된 욕구와 욕망이 드러나는 현상이라는 말도 어느 정도는 맞고, 칼 융이 말한 대로 개인 혹은 집단 무의식이 표출되는 현상이라는 말도 다소 일리가 있지만, 꿈은 그 이상의 의미가 있는 세계이다.

꿈이 비록 육체가 있을 때 벌어지는 현상이지만, 꿈은 엄연히 육체적인 현상이 아닌 영적인 현상이기 때문이다. 즉, 육체가 아닌 육체에 깃든 영혼이 겪는 경험이라는 것이다. 다만 이 꿈이라는 현상을 순수한 영靈의 관점이 아닌, 제한된 육체에 갇힌 영으로서 인식하는 데서 여러 가지 혼란이 생기게 된다. 즉 순수한 영으로서 겪는 경험을 육체의 제한된 사고에 갇힌 영이 인상을 받게 되는 과정에서 그 경험이 왜곡된 채 전달되는 것이 꿈이다.

예를 들어, 36가지 색상으로 표현되어야 하는 것을 7가지의 색상으로 표현하고자 한다면, 세분된 36가지의 색상들은 그저 붉은 계통, 푸른 계통, 어두운 것, 밝은 것으로 단순히 분류되어 버리고, 반대로 7가지 색상으로 36가지 색상을 표현해내려면 색상은 추상화될 수밖에 없는 이치와도 같은 것이다.

영적인 세계에서 벌어지는 일은 육체의 사고에 구애받지 않는, 순수한 영의 의식으로만 제대로 인식할 수 있다. 그러기에 육체를 거쳐 전해진 영적인 정보와 인상은 모두 추상적인 스토리로밖에 느껴질 수 없다. 더구나 그 세계에서의 시간과 공간은 우리가 육체 세계에서 느끼는 객관적인 시공간의 개념과는 전혀 다른, 자기식대로의 주관적인 시간과 공간이다.

그러나 영혼이 육체를 완전히 떠난 사후세계는 온전한 영의 관점에서 사물을 인식하게 된다. 따라서 꿈의 세계처럼 희미하고 추상적인 느낌이 아닌, 육체의 세계보다 훨씬 더 분명하고 명료한 느낌을 갖게 된다. 오감과 육식이라는 제한되고 한정된 육체의 감각과 사고체계에서 벗어난, 말 그대로 6·7·8감 7·8·9식이 작동하는 세계이다.

수면을 취할 때 우리의 영혼은 보통 30센티에서 길게는 90센티 정도 육체와 분리된다. 수면 중 분리된 영혼은 이때 영혼에 필요한 영적인 영양소인 에테르를 섭취하는데, 이 과정에서 영의 감각을 통해 느끼고 경험하게 되는 과정이 꿈의 스토리가 된다. 이때 영혼이 자신과 멀어질 때마다 육체가 계속해서 두려움의 신호를 영혼과 연결된 유사(혼줄)를 통해 보내는데, 그러면 꿈속의 스토리는 곧 두려움과 공포에 처한 상황으로 전개되는 것이다. 꿈에서 우리가 공포를 느끼는 이유는, 그 공포감이 꿈속의 대상이 주는 것이 아닌, 육체의 방어와 집착이 유발하는 감정이기 때문이다.

이 같은 현상은 과도하게 육체를 혹사하거나 지나치게 신경을 많이 써 몸과 마음이 지쳐 있을 때, 육체와 영혼을 연결하고 있는 유사의 끈이 느슨해지면서 벌어지는데, 이 같은 조건이 곧 흉몽을 꾸는 원인이 된다.

그러나 사후세계에서는 꿈에서 겪는 것과 같은 공포감이 존재하지 않는다. 왜냐하면, 더 이상 방어하고 집착해야 할 육체가 없기 때문이다. 영의 세계는 물질세계와 달리 진동이 매우 빠른 세계이다. 따라서 사후세계에서의 공포감은 마치 통증이나 놀람과도 같이 극히 순간적으로 잠시 나타났다가 사라지는 현상으로만 존재한다.

물질세계에서는 내가 원치 않아도 오랜 시간 자의나 타의에 의해 두려움과 공포에 시달릴 수 있지만, 영의 세계에서는 자신이 원치 않는 건 어떤 것도 장기적인 사건으로 유지되지 않는다. 그러므로 영의 세계에서는 누구도 공포나 두려움을 붙잡고 있지 않다. 다만 자학과 스스로의 자기비판에 의해 자신의 주위에 끔찍스러운 환경을 울타리로 창조하여 놓고, 자신은 죄를 많이 지어 이곳을 빠져나갈 수 없다는 원맨쇼를 벌이는 영혼들이 있을 뿐이다.

지금 우리가 사는 이 세계는 이제 너희도 알다시피 우리가 삶을 살아가는 터전의 전부가 아니다. 이 말은 두 가지의 의미가 있다. 육체를 지닌 채 살 수 있는 또 다른 세계가 수없이 많다는 것이며, 육체를 떠나 살게 되는 세계 또한 수없이 많이 존재한다는 것이다.

우리가 살고 있는 지구 외에도 지구와 비슷한 조건의 행성이 물질우주 안에 무수히 많으며, 비록 지구와는 다른 생태 환경을 갖는 행성이지만, 인간과 같은, 혹은 그 이상의 지성체가 살고 있는 행성 또한 무수히 많다. 그 밖에도 인간의 지성에는 못 미치더라도 생명의 진화 여정을 밟고 있는 행성 또한 무수히 많으며 여기에 인간의 에테르체나 유체, 영체, 이지체의 형태로 존재하고 있는 지성체까지 모두 합치면 아마 그 수는 천문학적인 숫자가 될 것이다. 말 그대로 땅 밑에 땅이 있고 하늘 위에 하늘이 있다고 할 수 있다.

우리가 속해 있는 물질우주만 하더라도 그 크기와 다양성이 이렇게 어마어마한데 육체를 벗어난 영혼의 세계는 하물며 어떠할까. 사실 저승은 사람이 죽어서 가는 세계가 아닌 단지 파동의 형태를 달리하는 수많은 세계 중의 하나이다.

수많은 세계 중에 인간이 육신을 갓 벗어 던지고 가는 일반적인 사후세계라 불리는 중음계中陰界가 있고, 점차적으로 한 영혼의 구성원이 되어가는 과정의 유계幽界가 있으며, 본격적인 영혼의 삶이 시작되는 영계靈界가 있다. 그리고 비로소 영혼의 눈이 뜨인 삶을 살아가는 천계天界가 있고 개체적인 자아의 관점을 벗어나 전체적인 관점의 우주의식이 발현되는 초월계超越界가 있으며, 일체를 이루는 절대적인 충만감 속의 신계神界가 있고, 모든 존재계를 낳고 포용하고 있는 진정한 하느님의 세계가 있다.

그리고 유계, 영계, 천계는 무의식의 드러남 정도와 의식의 각성도에 따라 다시 7계층으로 세분되어있다. 또한, 각 계층이라고 해서 그 계층마다 모두 동일한 의식군으로 평준화되어 있는 것도 아니다.

계층 내에서도 의식의 이해수준에 따라 어떤 곳은 가까운 곳이 중심이 되는 동심원 모양의 수평적 구조로 세계가 펼쳐져 있고, 어떤 곳은 높은 곳이 중심이 되는, 마치 회전 원반을 쌓아놓은 것과 같은 수직적 구조로 세계가 펼쳐져 있는 곳도 있다. 그러니 이 세계와 저 세계의 모든 구조와 특성, 그리고 그곳에 거하고 있는 존재들의 존재방식에 대한 묘사를 일일이 다 하는 것은 무의미하다.

그러니 가장 중요한 이야기는 역시 '자각'에 있다.

우리가 살고 있는 이 세계의 주인공은 바로 '나'이다. 그러므로 이 세계의 주인공인 내가 없다면, 물질계와 정신계의 모양과 구조와 특성이 어떻고, 이 세계와 저 세계의 환경과 그러한 세계들에서 일어나는 현상이 어떻고 하는 그 모든 이야기는 아무런 의미가 없다.

유식철학의 정수는 유식불공唯識不空 법상불유法相不有라는 말에 있다고 한다. 이 말은 우주 만법이라는 것이 본래 있는 것이 아니고 오직 인식주체만 있다는 뜻이다. 다시 말하면 인식주체인 내가 없으면 우주 만법, 삼라만상이란 것 자체가 존재할 수 없다는 것이다.

왜 그럴까? 모든 존재, 만물의 근원이 바로 나의 마음에서 비롯되었기 때문이다. 나의 마음이 그 모든 세상 만물을 만들어 냈기 때문이다. 그러므로 이 우주 만물은 나의 마음에 의해 창조되어, 나의 마음에 의해 유지되고, 나의 마음에 의해 붕괴하며, 나의 마음에 의해 사라진다. 그러니 성주괴공成住壞空, 12연기緣起라는 현상이 중요한 것이 아니라, 그 모든 현상을 일으키는 주체가 바로 나의 마음이라는 점이 중요한 것이다. 내가 있기에 이 세계가 존재하는 것이지, 이 세계가 있음에 내가 존재하는 것이 아니다. 그리고 이를 깨우치는 것이 자각의 알파요 오메가이다.

세상의 그 어떤 진리, 그 어떤 진실, 그 어떤 도, 그 어떤 법도 이 자각의 왕도를 능가하지 못한다. 현재의 물질세계, 다른 우주의 물질세계도 그렇고 육신을 벗어난 사후의 세계, 사후의 세계를 거쳐 간 영혼의 세계, 영혼의 세계를 넘어선 초월의 세계, 그리고 모든 세계를 포용하고 있는 하느님의 세계에 이르기까지 모든 것이 나의 마음인 하느님의 마음 안에 존재한다. 그러므로 일체유심조, 모든 것이 내 마음에 달려 있다는 이 자각은 위대한 섭리이자 로고스이며 이는 어느 한 세계만의 진실이 아닌 모든 세계에 적용되는 진실이다.

운명과 카르마, 윤회에 관하여

지금까지의 너희의 운명은 한마디로 거지 근성의 스케줄이었다. 이번 생에 나는 또 무엇을 동냥하며 한 생을 살아볼까 하는 거지 일정표였다. 나의 십팔번은, 나는 왜 이 모양 이 꼴일까 하는 자책감, 이것이 더 있었으면 좋겠다는 부족감, 이것이 됐으면 좋겠다는 욕망, 이렇게 이루어졌으면 좋겠다고 하는 욕구, 늘 이런 생각의 각설이타령이었다.

그러나 이제 너희는 알았다. 나는 영원불멸한 신의 혈통이며, 그러므로 나에게는 죽음조차도 내 경험의 일부일 뿐이며, 이 세상, 이 우주에 나를 어찌할 수 있는 것은 아무것도 존재하지 않는다는 사실을.

사람들은 곧잘 하늘의 심판, 천지개벽, 세상의 멸망…… 이런 말들을 하지만, 사실 이런 말들은 나의 근원적 입장에서 보면 아무 의미 없는 이야기들이다. 왜냐하면, 나는 정말 아무도 못 말리는 하느님이기 때문이다. 아무도 나를 어찌하지 못한다. 하느님도 신도 악마도 염라대왕도 나를 어찌할 수가 없다.

아무도 나를 어찌할 수 없다는 이 말에는 복합적인 의미가 담겨있다. 즉, 그것이 긍정적인 영향이든 부정적인 영향이든 신의 혈통인 나의 근본에 영향을 줄 수 있는 것은 아무것도 없다는 것이다. 다시 말하면 나를 파멸시키는 것도 없지만, 더불어 나를 충족시키는 것도 없다는 것이다. 즉, 신의 혈통인 나의 자성은 그 스스로 구족(완전)한 것이기에 어떠한 상대적인 현상과 작용에 의해 감해지거나 더해지거나 파손되거나 복구되는 게 아니다. 이것이 인도의 산스크리트어, 절대 신을 상징하는 브라만의 진정한 의미이다. 그리고 내가 바로 브라만이다.

자, 그렇다면 이런 족보를 가지고 있는 나를 만족시킬 수 있는 것이 세상에 있을까? 돈, 권력, 명예, 사랑? 아니다. 애당초 나의 근본은 이러한 것들에 의해 채워지거나 풍요로워지지 않는다. 그러니 수천, 수만 번 윤회를 거듭하며 속절없이 이러한 것들을 욕구하고 열망했을지라도 나는 이러한 세속적인 욕망의 성취로 나를 만족시킬 수 없었고, 또한 나는 그런 것들에 만족하는 속물적인 존재가 아니었다.

모든 걸 포함하고 있는 허공을 채울 수 있는 건 세상에 없다. 그러니 내가 신의 혈통임을 자각하여 나의 본연의 자성을 깨우치는 길 외에는 답이 없는 것이다.

이제 너희는 자문해 보길 바란다. 내가 과연 돈과 권력, 명예, 사랑 같은 것들에 의해 영원히 기쁘고 행복해질 수 있을까? 그렇다면 지금 그런 부와 권력과 명예를 누리고 있는 사람들이 기쁨과 만족과 행복을 느끼며 살아갈까? 천만에, 세상을 좌지우지하는 절대 권력의 소유자, 온 세상 사람들의 선망의 대상인 할리우드의 스타라 할지라도 결코 그들의 마음은 그리 만족스럽지도 않으며 결코 평화롭지도 않다. 하지만 그럼에도 불구하고 계속해서 채우고자 하는 욕망을 좇는 자신의 선택에 의해 오늘도 변함없이 너희는 자신을 거지운명 앞에 서게 만든다.

운명은 내가 만드는 것이라고 하면 너희는 쉽게 수긍을 안 한다.

"아니야! 그럴 리 없어. 바보가 아닌 이상, 내가 왜 이런 구차한 운명을 선택했겠어? 이렇게 한심하고 초라하고 별 볼 일 없는 운명을 내가 선택했다고? 말도 안 돼!"

하지만 이런 너희에게 나는 이렇게 묻고 싶다.

"그럼 어떤 운명을 살고 싶은가?"

늘 시시콜콜한 일에 생각을 열중하고, 늘 하찮은 일에 정신을 빼앗기고, 늘 별것도 아닌 일에 마음 상하는 나의 의식상태가 지금의 나의 운명을 만들어 내는 것인데, 과연 누구 탓을 할 수 있을까? 그것은 하늘에 대고 항의할 필요도 없고 누구를 탓할 수도 없으며, 업장, 카르마의 탓도 아닌, 오직 나의 창조성에 의해 펼쳐지고 있는 내 삶의 파노라마일 뿐이다. 나의 하찮은 생각, 나의 하찮은 의식상태가 현재의 하찮은 경험을 하게끔 하찮은 나의 운명을 내가 만들기 때문이다.

인간은 매 순간 역사를 다시 쓴다는 말이 있다. 참으로 그러하다. 무엇으로 인간은 매 순간 역사를 창조해나가고 있을까? 바로 내 생각, 내 마음, 내 의식이다. 이것이 정답이다. 이것이 내 앞에 놓인 내 운명이 왜 이 모양 이 꼴인가에 대한 의문의 진짜 답이다.

진정한 각자覺者는 이렇듯 나의 정체성에 대한 완벽한 통찰을 이루었기에, 내가 누구인지에 관한 앎을 얻기 위해 다시 자아의 틀 속에 갇혀 살 필요가 없고, 생각이 제한된 지상에 다시 태어나 다른 생, 다른 가족, 다른 사회, 다른 나라의 구성원이 되는 경험을 되풀이할 필요가 없다. 다시 말해 이 세상의 모든 것들이 일시적인 환영이고 꿈이고 게임이라는 것을 더 이상 확인할 필요가 없는 사람이다.

모르기 때문에 다시 오는 사람은 알기 위해 다시 온다지만, 알면서도 다시 오는 경우는, 알고 있다고 해도 제대로 아는 것이 아니고, 제대로 알려고 하지도 않았고, 제대로 알았다 해도 실행에 옮기지 않았기 때문이다.

자각을 통한 깨달음이 삶에 있어 늘 영순위였고 세상에 그 무엇과도 견줄 수 없는 가치를 깨달음과 자각에 부여하며 살았던 성인들과 각자들의 의식을 가늠해 보고, 더불어 내 의식의 현주소를 되돌아보는 시간을 가지는 것은 그래서 참으로 중요하다. 수십억 인구 중에 오직 극소수만이 자각을 하고 깨달음을 얻어 생사윤회를 초월했기 때문이다.

그렇다면 좁고 좁은 문이 되어버린 이 해탈문의 정체는 과연 무엇일까? 삶은 무엇이고 죽음은 무엇이고 저승은 무엇이고 환생과 윤회는 무엇이기에 나는 이러한 것들의 굴레에서 좀처럼 벗어나지 못하는 것일까?

우리네 삶은 세상에 태어나는 순간부터 죽음의 수순을 밟고 있는 시한부 인생이다. 그러니 이런 시한부 인생에서 대단한 것이 있으면 얼마나 대단한 것이며 초라한 것이 있으면 얼마나 초라한 것인가?

그러니 가진 것이 많다고 자랑할 것도 없고, 가진 것이 없어 부끄러워할 것도 없다. 천재지변으로 한순간에도 수천, 수만의 목숨이 사라지는 풀 끝의 이슬과 같고 바람 속의 등불과 같은 것이 우리네 삶이고 우리네 목숨이다. 석가모니 부처님이 오죽하면 이 같은 우리의 삶을 일컬어 꿈속의 물거품如夢幻泡影과 같다고 하였을까. 하지만 이는 부처를 이룬 자만이 느끼는 애환이 아니다. 이는 우리에게 주어진 삶과 우리에게 주어진 현실에서 모두가 백번 공감할 수 있는 진실이다.

그러므로 내일 지구가 멸망하더라도 오늘 사과나무 한 그루를 심겠다는 건 멍청한 말이다. 눈앞의 현실만이 현실이 아니라 눈앞의 현실이 한순간에 사라질 수도 있다는 것 또한 나의 엄연한 현실이기 때문이다. 그러니 사과나무를 심는 것도 좋지만, 한 번이라도 더 나에 대한 자각을 일으키는, 다시 말해 내 마음에 자각을 심는 것이 진실로 중요하다.

현재의 세상은 확고부동한 세계가 아니다. 현재의 삶은 영구불변한 삶이 아니다. 이렇듯 현재의 나는 요지부동한 내가 아니다. 이는 복잡하게 생각하지 않아도 있는 그대로 느끼고 경험해 보면 누구나 공감하지 않을 수 없는 명백한 진실이다.

이 지극히 당연하고 확연한 사실에 대한 자각이 그리 어려운 일인가? 단순하게 생각하고 느끼고 경험해도 세상사의 모든 일은 한순간의 꿈이며 복잡하고 난해할 것 없는 단편적이고 단순한 일들이다. 극소수의 사람만이 그 참뜻을 깨달을 수 있는 거창한 것이 아닌, 이는 너무도 확연하고 분명한 진실이다. 이렇듯 초월의 길은 결코 멀고 요원한 길이 아니다. 그저 제대로 된 정신을 한순간만 유지할 수 있다면 나는 이 지상의 경험을 졸업할 수 있다.

내가 계속해서 육신의 삶 속으로 되돌아오는 원인은 무엇인가? 내가 원해서이다. 환생을 권유하는 사람도 없다. 환생을 결정하는 사람도 없다. 하느님이 결정하는 것도 아니고 예수님이 심사하는 것도 아니며 염라대왕이 판정을 내리는 것도 아니다. 카르마에 이끌려서 오는 것도 아니며 연기법에 의해서 오는 것도 아니다.

그 원인은 이 세상이 전부라는 착각이 사람들의 무의식 속에 깊이 박혀 있기 때문이다. 살아생전 이 세상이 전부인 것처럼 살아온 습관이 저승으로 이어지고, 계속해서 반복되는 저승생활에 권태를 느끼게 될 때 희미한 자각이 들어와 다시 세상을 선택하게 되는 것이 윤회와 환생의 이유이다. 그리고 이 모두 다 내가 하는 것이다.

지금 이 순간이 전부이고 지금 이 순간의 내 마음이 천국이라고 하지만, 사실 이는 공부에 있어 궁극이 아닌 기본이다. 이 기본적인 마음을 바탕으로 새롭게 시작되는 존재계의 다양한 경험이 너희 앞에 무궁무진하게 펼쳐져 있다. 생각과 파동이 제한된 물질계의 경험과는 완전히 다른 양상의 자유롭고 풍요로운 경험의 세계가 너희를 기다리고 있다.

비록 아직은 과거의 생으로부터 현생에 이르기까지의 과제와 숙제도 제대로 해결하지 못해 이 세상경험의 종지부도 언제 찍게 될지 모르지만, 원래의 나란 존재는 이런 시시한 물질경험만을 하기 위해 창조계로 뛰어든 것이 아니다. 아무튼, 과거의 생으로부터 현재의 생에 이르기까지 너희가 해결해야 하는 우선적인 과제는 단 하나, 모든 것이 내 마음먹기에 달려 있다는 일체유심조에 대한 깨우침이다.

이 우주 삼라만상이 모두 내 마음의 반영이다. 즉, 이 우주 삼라만상이 내 마음으로 이루어져 있다는 이 진실을 알고 이해하고 체득하는 기본 중의 기본이 해결되어야만 나는 새로운 존재계의 경험으로 세계로 나아갈 수 있다. 왜냐하면, 차원의 특성상 그다음에 펼쳐지는 세계는 이 기본이 갖추어지지 않으면 도저히 예측할 수도 가늠할 수도 없는 현묘한 세계이기 때문이다.

여느 선생님들이 학생들에게 하는 것과 마찬가지로 나 또한 너희에게 자각의 중요성을 역설하지만, 자각은 학창시절의 선택과목이 아니다. 자각은 모든 사람에게 있어 선택의 여지가 없는, 삶과 죽음에 관한 초현실적인 과제이다. 이 과제는 모든 사람이 반드시 해결해야만 하는 인생의 과제이자 숙제이다. 이 과제와 숙제를 해결하지 못하는 한 인간은 결코 삶과 죽음이란 미로의 패턴을 벗어날 수 없다.

어떠한 연유에 의해서든 내가 다시 이번 생에 육신의 삶 속으로 돌아온 까닭은, 과거의 생에서 이러한 과제와 숙제가 나에게서 풀리지 않았음을 뜻한다. 별것도 아닌 것을 가지고 수백만 년이나 버텨온 너희의 노고는 가상하다 못해 존경스럽기까지 하지만, 비로소 이번과 같은 천재일우의 기회를 만났으니 이를 통해 너희 모두 정신을 바짝 차리고 자각에 매진하길 바란다.

에고와 진아에 관하여

내가 기분이 나쁘고 언짢을 때, 비록 당시엔 그 느낌이 아무리 강렬하다 해도, 우리는 그것이 나에게 일시적으로 일어나는 현상임을 잘 알고 있다. 즉, 나의 기분은 고정적인 실체가 아니라 순간적인 현상이다. 잠시 시간이 흐르면, 그 기분 나쁨은 이내 삭혀지고 나 스스로의 위안을 통해 나의 분노는 가라앉고 사라진다. 그러므로 나의 기분 나쁨과 분노에 대해 심각해질 필요가 없으며, 이 상태에서 벗어나야 한다는 강박관념을 가질 필요는 더더욱 없다

에고라는 것이 그렇다. 에고란 말의 의미가 자아를 뜻하는 것이든, 자의식이나 나의 고집을 뜻하는 것이든, 나에게 있어 에고는 일시적인 현상이자 성향일 뿐이다. 다시 말해, '나'라고 주장하는 것을 에고라 해도, 또

는 본래의 나라는 것에 에고가 씌어 있는 것이라 해도 에고는 결국 사라진다는 사실엔 변함이 없다.

나라고 주장하는 나도 결국에는 죽음을 맞이할 것이며 나에 씌어 있는 나도 결국에는 사라질 것이기 때문이다. 그러므로 에고라는 것은 영구불변한 것이 아니며 누구의 말대로 반드시 벗어나야 하는 고정된 실체도 아니다.

그런데 바로 이 현상적인 에고에 생명을 불어넣어 주는 이가 있다. 그것은 바로 에고를 실체라고 인정하는 나이다. 나로부터의 끊임없는 규정과 정의에 의해 자신의 정체성을 유지해나가는 것이 바로 이 에고의 정체이다.

나는 에고를 실체로 인정하면서 대응을 해준다. 그 순간부터 에고는 무한한 생명력을 나로부터 부여받게 된다. 모든 것을 탄생시키고 유지하는 에너지가 바로 '나'이기 때문이다. 나에겐 그러한 능력이 있다. 그러므로 내가 그렇다고 생각하고 내가 그렇다고 믿는 순간 그것은 진실이 되어버린다. 모든 것이 나의 뜻에 달려있다. 이는 아무도 못 말리는, 하느님조차도 어찌할 수 없는 나의 고유한 영역이다.

나는 누구인가? 나는 모든 것에 생명을 부여하는 자이고 진실을 부여하는 자이다. 나는 거짓에도 거짓의 생명을 부여하고 거짓에도 진실을 부여해 거짓을 현실로 만들어 낼 수 있다. 나는 곧 진실이자 현실의 창조자이다. 그리하여 내가 믿으면 믿음을 현실화시키고 내가 믿지 않으면 불신을 현실화시키는 것이 현실의 창조자인 내가 하는 일이다.

누구에 의해 에고가 존재하고 누구에 의해 에고가 유지되고 있나? 누구의 에고이고 누가 벗어나려 하고 있나?

이러한 나의 행위를 자각하는 것, 나에 대한 깊은 이해를 갖는 것, 나를 깨닫는 것이 에고에 대한 진정한 해결책이다. 내가 지금 해야 할 일은 에고와의 투쟁이 아닌, 지속적인 자각을 통해 이러한 나에 대한 깊은 통찰을 갖는 것이다.

양보다 질이라는 말이 있다. 형식보다는 내용이, 외형보다는 내실이 중요하다는 말이다. 공부에 있어서도 이 말을 적용해 보면, 마찬가지로 공부의 형식에 치중할 것이 아닌, 공부의 핵심을 파악하는 것이 더 중요하다는 말이다.

예전 사람 참선할 적에 하루해가 무의미하게 지나가면 그것이 억울해 다리를 뻗고 울었고, 예전 사람 참선할 적에 잠 오는 것 성화하여 송곳으로 자신의 허벅지를 피가 나도록 찔렀다고 한다.

이 사람은 무엇 때문에 하루해가 가면 억울해 다리를 뻗고 울었고, 무엇 때문에 잠 오는 것마저 성화하여 송곳으로 자신의 허벅지를 피가 나도록 찔렀던 것일까? 그것은 자신의 공부에 대한 설정 때문이었다. 이것을 깨우쳐야만 하고, 이런 식으로 깨우쳐야만 하고, 이와 같은 깨달음이 와야만 한다는 자신의 설정 때문이었다. 그리하여 그는 몇 날, 몇 달, 몇 년을 이러한 공부의 형식을 쫓는 일을 되풀이했던 것이다.

어떤 사람이 있다. 이 사람 또한 공부에 대한 자신의 설정을 고집하고 있는 사람이다. 그가 가진 공부에 대한 설정은 이런 것들이다. 연기법을 깨달아야 한다, 인과의 법칙을 깨우쳐야 한다, 무아를 체험해야 한다, 내 안의 참나를 찾아야 한다…….

이 사람은 예전 사람처럼 치열하게 참선하지는 않지만, 늘 머릿속에 이러한 공부의 과제를 갖고 있는 사람이다. 이 사람에게 있어 당면한 문제는 무엇인가? 자신의 깨닫지 못함이 문제이다. 무엇에 대한 깨닫지 못함인가? 연기법, 인과, 무아, 진아에 관한 것들이다. 이 사람의 현재 마음은 어떠한 마음인가? 답답하고 안타깝고 불만족스러운 마음이다. 왜 이러한 마음을 가지고 있나? 자신이 생각하는 공부의 성취가 찾아오지 않았기 때문이다. 그렇다면 무엇이 이 사람을 답답하게 하고 안타깝게 하고 불만족스럽게 하고 있나? 연기법, 인과법, 무아, 진아에 대한 깨우치지 못함인가? 아니다. 자신의 생각이다. 무엇이 이 사람을 이러한 감정들로부터 해방해 줄 수 있을까? 연기법, 인과법, 무아, 진아에 대한 깨우침인가? 아니다. 자신의 마음이다. 나는 이러한 것들을 깨닫지 못해 답답하고 안타깝고 부족하고 불만족스럽다고 할 때, 나를 이렇게 답답하고 안타깝고 부족하고 불만족스러운 나로 만드는 것은 바로 나이다.

이 사람은 이번 생을 사는 동안 계속해서 그러한 개념들로 자신을 불편하게 할 것이다. 이번 생을 마감한다 해도 그는 자신이 만든 불편함의 세계에서 빠져나오지 못할 것이다. 그리고 다음 생에서 또 과거에 행했던 불편한 일들을 계속해서 똑같이 되풀이할 것이다. 왜 그럴까? 그의 몸은 바뀌어도 그의 마음은 늘 그와 함께하기 때문이다.

지금 나를 불편하게 하는 것은 도가 아니다. 그것은 깨달음도 아니고 진리도 아니고 법도 아니다. 더불어 나를 편하게 해주는 것 또한 도가 아니다. 깨달음도 아니고 진리도 아니고 법도 아니다. 나를 편하게 하고 불편하게 하는 것은 오로지 내 생각일 뿐이고 내 마음일 뿐이다.

천문학적인 재산을 가진 거부에게 세상의 경제 논리가 무의미하고 절대권력을 가진 황제에게 세상의 정치 논리가 무용하듯이, 참된 나에 대한 자각을 이룬 각자에겐 도와 진리에 관한 그 어떤 논리도 무상한 것이다.

거부는 경제가 궁극적으로 추구하는 돈의 정점에 있고 황제는 정치가 궁극적으로 추구하는 힘의 정점에 있으며 각자는 도가 궁극적으로 추구하는 지혜의 정점에 있기 때문이다. 그러므로 진정한 거부는 돈에 대해 복잡하게 말하지 않고 진정한 권력자는 권력에 대해 장황하게 말하지 않으며 진정한 각자는 도에 대해서 현란하게 말하지 않는다. 그는 오로지 나의 마음만을 이야기할 뿐이며 나의 마음만을 다스릴 뿐이다

신과 인간에 관하여

여기 전지전능한 신이 있다고 가정해 보자. 우리는 신을 완전한 존재라고 말한다. 그러기에 완전함이라는 것에는 그 어떤 불완전의 요소도 배제되어 있어야 한다. 그 어떤 부족함과 미진함이 있어서도 안 된다.

그러나 완전함은 그 자체로는 자신을 스스로 체험할 수 없다. 그래서 완전함은 자신의 완전을 체험하기 위해 불완전과 부족함과 미진함을 경험해 보아야 한다. 완전함은 자신의 완전성이 뜻하는 바대로 불완전도 경험해 보고 부족도 경험해 보고 미진함도 경험해 보는 것이다. 그 때문에 완전함은 자신의 풍요로운 경험을 위해 이원성의 경험을 선택했고 같은 이유로 상대성의 경험을 선택했던 것이다.

그러나 완전함이 이원성과 상대성을 경험할 때, 완전함은 자신의 정체성을 잠시 잊어야 한다. 그래야 완전함은 이원성과 상대성에 완벽히 젖어들 수 있고 그것을 경험할 수 있다. 만일 완전함이 자신의 정체성을 계속해서 자각하고 있다면, 완전함은 결코 이원성과 상대성의 경험을 해볼

수 없다.

이런 연유로 빛이 어둠을 경험할 때 빛은 자신의 정체성을 잠시 망각하게 되며, 신이 무지를 경험할 때 신은 잠시 자각을 잃게 된다. 이것이 인간이 악을 경험할 때 인간의 선이 잠시 잠을 자고 있는 까닭이다. 이렇듯 해볼 것 없이 다 해보아야 직성이 풀리는 것이 완전함의 정체이고 신의 정체이고 바로 우리 인간의 정체이다.

그런데 여기서 하나의 문제가 발생한다. 이 경험을 위한 존재계의 탄생까지는 좋은데, 존재계의 특성상 존재는 계속해서 자신을 유지하려는 성질을 갖는다. 그리하여 신이 자신의 풍요로운 경험을 위해 물질을 창조하고 물질의 경험을 만끽한 것까지는 좋았는데, 자신의 존재를 계속 유지하려는 존재계의 특성과 성향으로 인해 물질에 대한 집착과 존재에 대한 집착이 자연스럽게 생겨나게 되고, 그로 인해 물질의 경험에 취한 신의 망각이 오래가게 된 것이다.

이것이 현재 우리 신적 인간의 현주소이자 딜레마이다. 너희는 이와 같은 나의 역사, 나의 정체성에 대한 기본적이고 근본적인 이해를 반드시 가지고 있어야 한다. 세상의 철학과 사상은 사실상 여기에서부터 시작되어야 한다.

스승으로서의 나의 임무는 궁극적으로 너희가 신의 혈통임을 스스로 알아차리도록 돕는 것이다. 진리, 깨달음, 도, 법, 해탈…… 이런 것들을 찾고 이런 것들을 성취하는 것은 궁극의 길이 아니다. 이러한 것들은 내가 신의 혈통임을 입증하는 과정에서 뻗어 나온 곁가지들에 불과하다. 그 모두가 신의 혈통인 나를 찾기 위한 일환에 불과하다.

나는 누구인가?

영원, 무한, 자유, 전체, 허공, 무, 등등 그 어떤 수식어를 갖다 붙인다 하더라도, 그러한 규정의 바깥에 있으면서 또한 그 어떤 규정의 틀에도 원하는 대로 맞춰줄 수 있는 변화무쌍한 신의 혈통이 바로 '나'이다. 이 것이 나의 진정한 정체이다. 그러므로 신의 혈통인 나에게 영향을 끼칠 수 있는 피조물은 없다. 피조물은 창조성의 근원인 '나'로부터 나온 것이 다. 나의 그림자가 나를 어쩌지 못하는 것처럼 나의 본성은 그 무엇에도 침해받지 않는다. 그것은 있을 수도 없고 성립될 수도 없는 우주의 철리 이다.

불생불멸不生不滅, 그 실체는 생겨나는 것도 아니고 없어지는 것도 아니 며 불구부정不垢不淨, 더러워지는 것도 깨끗해지는 것도 아니며 부증불감 不增不減, 늘어나고 줄어드는 것도 아니며 제법공상諸法空相, 법의 참된 모습 이 바로 나의 참된 모습이다. 이것이 나의 정체이다.

이 '나'에겐 어떤 개념과 의미를 부여해도 되고 어떤 규정과 설정을 해 도 괜찮다. 누가 누구에게 누구를 위해, 그리고 누구 때문에 하는가? 모 두가 신의 혈통인 내가 나의 창조성을 동원하여 만들어 노는 나의 '창조 놀이'일 뿐이다.

앞서 말했듯이, 현재의 나는 창조의 중독성에 빠져 있다. 창조의 놀이 를 벌여놓고 놀이에 깊이 빠져 그만 놀이의 노예가 되어버린 것이다. 나 자신을 창조의 놀이와 동일시하고 놀이와 일체가 되어 놀이의 법칙에 영 향을 받고 있는 것이다.

나는 지금 존재의 형태를 취하고 있다. 내가 원했기 때문이다. 나는 지 금 여기 머물러 있다. 나의 의지에 의해서이다. 그러므로 내가 지금 여기 서 해야 할 일은, 이 모든 것이 내가 원해서, 나의 의지에 의해 창조가 벌어지고 있다는 사실을 자각하는 것이다. 그리하여 나의 창조성을 자각하고 더불어 창조성의 근원인 나를 자각하여 다시금 신의 혈통인 나로 귀환하는 것이다.

천상천하에 나보다 귀한 존재는 없다. 나는 이렇듯 창조의 큰 그림의 주인공이다. 내가 비록 존재의 경험에 대한 열망에 의해 지금은 물질계에 흠뻑 빠져 있지만, 신의 혈통인 나의 본질은 변함이 없다.

너희에겐 관점의 전환이 필요하다. 너희는 이제 더 이상 도가 어떻고, 깨달음이 어떻고, 법이 어떻고 하는 식의 유아적인 놀이에 흥미를 가질 필요가 없다. 나의 근본을 알고 나의 뿌리를 알고 나의 혈통을 알았는데 그러한 관념의 유희가 더 이상 무슨 의미가 있단 말인가.

그러나 너희는 아직은 배우는 학생의 신분이다. 너희는 아직 사회인이 아니다. 내가 말하는 사회는 세상에서 말하는 그런 사회가 아니다. 그 사회는 위대한 창조의 역사 속에서 지혜와 진리를 구현해 나가는 신의 계획에 동참하는 것이다.

신은 단일자가 아니다. 우리는 신의 일부분이며 신은 우리의 일부분이다. 우리는 신의 의지의 일부분이며 신은 우리 의지의 일부분이다. 신은 존재한다. 신은 위대한 지성이다. 그리고 우리 또한 신이 되어야 한다.

신에게 다가간 많은 인류의 위대한 스승들이 지금 지구에 존재한다. 신에게 다가간 외계의 위대한 스승들이 지금 우주에 존재한다. 그러나 이분들은 우리의 신앙이 되어서도 안 되고 경외의 대상이 되어서도 안 된다. 단지 우리는 이분들을 성장과 성숙의 증표로 삼아야 하며, 우리 자신을 성찰하는 이정표로 삼아야 한다.

나는 지금까지 이분들에 대한 언급을 자제해 왔다. 그것은 자칫 이러한 스승들의 존재가 사람들에게 있어 가장 중요한 자립심을 발화하지 못하게 할 위험이 있었기 때문이다. 그러나 그분들은 세상에서 가장 소중한 깨달음을 얻었고, 그 소중한 가치를 통해 자신을 성장시키고 성숙시켜 신의 위치로 자신을 끌어올린 분들이다. 그리고 너희 또한 그리해야 한다.

너희는 이제 진정한 자존심, 즉 신의 혈통이라는 긍지를 가지고 큰 시각으로 세상을 바라보아야 한다. 모든 걸 이해하고 허용하고 수용하고 포용하고 누리는 삶을 살아야 한다. 이것이 신의 혈통인 내가 세상을 경험하는 방식이다. 신으로의 귀환, 이것이 곧 나의 여정이다.

자각의 소중함

내가 비록 꿈속에 빠져 있어 무수한 경험을 꿈속에서 한다 해도 그것은 내가 꿈을 경험하는 것일 뿐 꿈이 나를 어쩌지 못하듯, 지금 내 눈앞에 펼쳐진 세상이 현실로 다가와 세상의 수많은 것들이 나를 옭아매는 것처럼 보여도 그것은 내가 물질의 꿈을 경험하는 것일 뿐 세상이 나를 어찌하는 것이 아니다.

꿈에서 깨어나면 꿈은 아무런 의미가 없고 세상을 등지면 세상이 아무런 의미가 없듯이, 육체를 벗어나면 육체 또한 아무런 의미가 없다. 그 모든 것이 나의 다양한 경험일 뿐, 그 어느 것도 나를 속박했던 것이 아니다.

사람들은 세상이 나에게 많은 곤란과 고통과 어려움을 준다고 생각하지만, 그것은 결코 세상이 주는 것이 아닌, 내가 세상 속에서 그러한 곤란과 고통과 어려움을 만들어 내고 있음을 자각해야 한다. 그러나 세상을 등지고 육체를 벗어난 수많은 영혼이 그 세계에서도 여전히 괴로움에 신음하고 있다. 자신을 괴롭혔던 세상에서 벗어나고 자신을 힘들게 했던 육체에서 벗어났는데도 그들은 여전히 힘들고 괴로워한다. 그들은 왜 괴로워할까?

그것은 세상 안에 내가 있는 것이 아닌, 내 안에 세상이 있기 때문이다. 그러므로 모든 괴로움과 고통 또한 세상이 아닌 내 안에 있었던 것이다. 나는 지금 그러한 육체의 꿈을 꾸고 있다. 그리고 그 꿈속의 나는 그저 경험일 뿐 진정한 내가 아니다. 이것을 나는 자각을 통해 알 수 있다.

인생의 유상함을 느끼든 인생의 무상함을 느끼든 그것은 인생이 그런 것이 아니라 모두 다 내가 그렇게 느끼는 것이다. 그러니 세상이 치열하게 느껴져도 상관없고 세상이 꿈처럼 느껴져도 문제없다. 다 내 마음먹기에 달렸다. 세상은 원래 말이 없다. 생각도 없고 느낌도 없고 감정도 없는, 세상은 백지와도 같은 것이다.

세상이 이렇게 보이는 것도 세상이 저렇게 느껴지는 것도 다 내가 그려 놓는 그림에 불과 한 것, 내 생각 내 손길이 닿지 않으면 그것들은 어느 것 하나 스스로 존재할 수 없다. 세상은 늘 중립을 유지하고 있으며 고요한 침묵 속에서 판단하는 법이 없다.

사람들이 진실과 거짓을 말하고 사람들이 선과 악 편을 나눠 이야기하지만, 세상은 결코 한쪽에 치우침이 없다. 그것은 내가 꿈꾸는 세상, 내가 만드는 세상이다.

*

우리는 건강의 소중함을 빗대어, 건강을 잃으면 모두 다 잃는 것이란 말을 한다. 사람이 일평생을 살면서 많은 것을 추구하고 많은 것을 생각하고 많은 것을 경험하고 많은 것을 성취하는 것 같아도, 건강을 잃어 죽음이 임박하게 되면 모든 것이 물거품처럼 허망하게 느껴지고, 일생을 살면서 자신이 뭔가 많은 일을 했다고 여겼던 신념도 나는 아무것도 이룬 바가 없다는 자괴감으로 바뀌게 된다.

그래서 대부분의 사람은 자신의 죽음, 그리고 이웃의 죽음 앞에서는 모든 것이 한낱 꿈에 불과하다는 인생의 무상함을 느끼지 않을 수 없다. 그렇다. 건강을 잃으면 다 잃는 것이다. 부귀도 영화도 권세도 사랑도 자신의 건강을 잃으면 다 잃는 것이다.

상투적인 표현으로 뺑뺑이를 돈다는 말이 있다. 길을 잃어 계속해서 그 주위를 맴돈다는 뜻이기도 하고 같은 실수를 계속해서 반복하여 좀처럼 상황을 벗어나지 못할 때를 지칭하는 말이기도 하다.

갓난아기로 태어나 노년이 되어 한 생을 마감할 때까지 사람들은 참으로 다양한 형태의 인생을 제각기 경험한다. 행운의 주인공이 되기도 하고 비운의 주인공이 되기도 하며, 때로는 사회와 역사에 이름이 남는 드러난 삶을 살기도 하고, 때로는 군중 속에 묻혀 존재가 유명무실한 평범한 삶을 살기도 한다.

하지만 그 모든 사람에게는 생로병사라는 동일한 삶의 방식이 있다. 어떤 시대에 어떤 인종으로, 어떤 나라에 어떤 사람으로 태어나 어떤 사람으로 살아가든 태어나서 늙고 병들고 죽는 것은 모든 사람이 마찬가지이다. 사람들의 이러한 동일한 삶의 패턴은 연속적으로 되풀이되는 일이지만, 그럼에도 불구하고 사람들은 계속해서 윤회전생을 거듭한다. 한마디로 뺑뺑이를 돌고 있다.

왜 그럴까? 자각을 잃어버렸기 때문이다. 자각을 잃었기에 나는 나의 존재를 모르고, 나의 존재를 모르기에 나의 삶은 무의식적인 삶이 될 수밖에 없었다. 과거에 내가 아무리 강렬하고 치열한 삶을 살았다 할지라도 그것 또한 무의식적인 삶이었기에 나는 나 자신의 삶에 대한 기억을 갖고 있지 못한다. 그것이 실로 다양한 삶이었다 할지라도 나는 단 한 번의 삶도 기억하지 못한 채 살아가고 있다. 나는 늘 태어났던 대로 다시 태어났고, 늘 늙어왔던 대로 늙었고, 늘 그런 식으로 병이 들고 죽음을 맞아왔다. 나는 늘 생로병사의 뺑뺑이를 돌았고 윤회의 뺑뺑이를 돌고 있었다. 나에 대한 자각, 나의 존재에 대한 자각, 나의 삶에 대한 자각이 없었기 때문이다.

그렇다. 건강을 잃으면 한 생을 잃는다. 그러나 자각을 잃으면 전 생을 다 잃는다. 그래서 자각은 참으로 소중하다.

*

사람이 물에 빠졌을 때, 수영을 못 한다면 물에서 빠져나오기는 참으로 힘들다. 하지만 물과 자주 접하여 물에 익숙해지다 보면 어느덧 그 사람은 물로부터 자유로운 수영법을 터득하게 된다. 그리고 그가 수영법을 터득하게 되면, 그는 이제 언제 어디서 물을 만나든 물에 빠지는 법은 없을 것이다.

내가 현재 어떤 심각한 고민이나 불편한 생각에 빠져 있거나 격한 감정에 휘말려 있다면, 나는 지금 심각한 물속에 빠져 있는 것이고, 불편한 물속에 빠져 있는 것이며, 격한 감정의 물속에 빠져 있는 것이다. 그리고 거기서 벗어나는 길은, 바로 그런 심각하고 불편하고 격한 감정의 장에서 초연할 수 있는 수영법을 터득하는 것이다.

사람들은 자신이 처해 있는 상황과 환경에서 만족과 이해를 못 하고 늘 또 다른 환경과 조건을 좇으려 한다. 이 상황에서 저 상황으로, 이 상태에서 저 상태로 끊임없이 변화만을 추구한다. 하지만 진정한 나 자신의 변형이 일어나는 때는, 나에게 주어진 상황이 변하고 내가 처한 상태가 전환됨으로써 생겨나는 것이 아닌, 내가 어떠한 상황과 상태에 처해 있든 그 속에 함몰되지 않고 그 상황과 상태를 유유히 헤엄칠 수 있는 수영법을 터득할 때이다.

내가 현재 어느 상태에 머물러 있든 그 상태는 내가 만든 물속이다. 나에게 어떤 상황과 환경이 주어지든 그것은 내가 그 상황과 환경을 통해 배우고 터득해야 할 수영법이 존재한다는 사실을 깨닫기 위해서이다. 그 수영법은 바로 자각이다. 내가 지금 어떠한 환경과 상황에 처해 있든 지금이 바로 그 기회이다. 자각의 기회는 이렇듯 늘 나와 함께 있다.

다시 한 번 돌이켜 보자.

깨달음에 관한 수많은 이야기와 가르침이 있다. 우리는 주변으로부터 깨달음에 대한 많은 이야기를 들어왔다. 깨달음은 삼매라고 하는 지극히 편안한 명상상태에 드는 것이라고 들었고, 깨달음은 무념무상이라고 하는 생각이 사라지는 경지에 드는 것이라는 말도 들었으며, 깨달음은 득도를 하여 만물의 이치를 통달하는 것이라는 말도 들었다. 또한, 깨달음은 우주와 하나가 되는 물아일체의 체험을 하는 것이라는 이야기도 들었다.

다 좋은 이야기들이다. 그런데 이 모든 걸 하는 자는 누구일까? 삼매에 들고 무념무상의 상태를 가고 득도를 하고 물아일체가 되는 이 모든 행위를 하는 자는 누구일까? 그것은 삼매도 아니고 무념무상도 아니며 득도도 아니고 물아일체도 아닌 바로 '나'이다. 내가 그 모든 것을 다 하는 것이다.

그렇다면 무엇이 가장 선행되어야 하고 무엇에 대한 선행을 먼저 해야 할까? 바로 나이다. 깨달음은 바로 나 자신을 아는 것이다. 나 자신을 깨우치는 것이다. 즉 나의 정체성에 대한 근본적인 통찰을 갖는 것이다.

나는 누구인가? 나는 무엇인가? 나는 어디에서 왔으며 어떻게 존재하는가? 나는 왜 존재하는가?

이렇듯 나에 대해 생각하고 나와 대화하며 나를 만나고 나에 대한 탐구가 시작되는 것이 깨달음의 시작이다. 그리고 깨달음은 한 번에 끝나는 것이 아니라 계속 진행되는 것이다. 아는 것이 아닌 알아지는 것이며, 지식을 얻는 것이 아닌 지혜로워지는 것이다.

이렇듯 올바른 공부는 나를 알아가는 과정이며 나를 깨우쳐 가는 노력이다. 그리고 이 모든 것을 내가 한다는 자각을 끊임없이 일으키는 것이다.

나에 대한 깊은 통찰이 일어날 때, 나는 세상에서 가장 풍요로운 자임을 알 수 있다.

나에 대한 깊은 통찰이 일어날 때, 나는 세상에서 가장 완벽한 자임을 알 수 있다.

나에 대한 깊은 통찰이 일어날 때, 나는 세상에서 가장 행복한 자임을 알 수 있다.

나에 대한 깊은 통찰이 일어날 때, 나는 세상에서 가장 지혜로운 자임을 알 수 있다.

나에 대한 깊은 통찰이 일어날 때, 나는 세상에서 가장 존귀한 자임을 알 수 있다.

나에 대한 깊은 통찰이 일어날 때, 나는 세상에서 가장 자유로운 자임을 알 수 있다.

세상을 살아가면서 우리는 많은 상황에 직면하게 된다. 나 자신에 대한 불만, 상대에 대한 불만, 만족스럽지 못한 내 주위 환경에 대한 불만, 이웃과 가정의 불화, 그리고 그 모든 것에 비난을 퍼부어 대는 상황까지, 나에게는 원치 않은 현실이 너무도 많다. 그러나 바로 그때 너희는 너희 자신이 스스로 그러한 불만과 불평과 비난의 위치에 발을 딛고 있다는 사실을 인식해야 한다.

그곳에 있는 사람은 다른 사람이 아닌 바로 나이다. 현재의 내 발걸음이 그곳에 잠시 멈춰있을 뿐이며 현재의 내 마음이 잠시 그곳에 머물러 있을 뿐이다. 사람의 유형과 상황의 정도에 따라 그곳에 머무는 시간은 짧아질 수도 길어질 수도 있지만, 어찌 되었든 모든 것은 나에게 달려 있다.

나는 나에게 주어진 상황을 받아들일 수도 있고, 나는 나에게 주어진 상황을 벗어날 수도 있으며, 나는 나에게 주어진 상황을 포기할 수도 있다. 그것은 결코 상황이나 환경에 결정권이 있는 것이 아닌, 나에게 결정권이 있다.

나와 내 주위에 불만을 토로하고 현재 상황에 불평을 하고 타인에 대해 비난을 퍼붓고 있을 때 자신과 그 주위를 한번 둘러보라. 그곳엔 불만과 불평과 비난의 구덩이를 파고 오랜 세월 허우적대는 어리석은 사람이 있고, 그곳으로부터 발걸음을 옮겨 자유로운 삶을 주유하는 현명한 사람이 있다.

어떤 사람을 선택할지는 나의 선택에 달려있다. 그리고 자각은 지혜로운 선택을 할 수 있게 해준다. 나는 지금 당장 나의 발걸음을 그곳으로부터 옮길 수 있다. 나는 모든 상황과 모든 일의 주인이며 그 결정권자는 바로 나이다. 그리고 언제나 그렇듯, 그곳에는 늘 나와 함께하는 자유가 있다.

나에게 일어나는 모든 생각이 나에게 지혜를 가져다줄 수 있다. 그것이 비록 하찮은 생각일지라도, 그 생각이 나를 자각으로 인도했다면 그 생각은 나에게 있어 지혜로 변신한 것이다.

나에게 일어나는 온갖 감정이 나에게 자유를 선사해 줄 수 있다. 그것이 비록 분노일 지라도 그 감정이 나를 자각으로 인도했다면 그 분노는 나에게 있어 자유를 제공해 준 것이다.

나에게 일어나는 모든 상황이 나에게 성장의 기회가 될 수 있다. 그것이 비록 시련일지라도 그 시련이 나를 자각으로 인도했다면 그 시련은 나에게 있어 소중한 성장의 기틀이 된 것이다.

나에게 주어지는 모든 경험이 나에게 배움의 선물이 될 수 있다. 그것이 비록 원치 않은 경험일지라도 그 경험이 나를 자각으로 인도했다면 그 경험은 나에게 있어 커다란 배움을 선사해준 것이다.

나에게 자각이 있다면 세상에는 이렇듯 오로지 배움과 성장만이 있을 뿐이다. 모든 장애를 자유를 향한 문으로 만드는 것, 오직 자각으로 할 수 있는 일이다.

나는 누구인가?

 인간의 육체는 앞서 말했듯이, 물질의 경험을 물질적으로 이해하고 체험하기 위해 만들어진 것이다(이 말은 매우 중요한 의미를 가진다). 만약 우리의 육체가 에테르와 같은 다른 자질의 에너지로 구성되어 있다면, 우리의 육체는 현재의 물질자질들을 모두 투과해 버려 물질을 물질로서 느끼고 경험할 수가 없게 된다. 그러므로 우리의 오감육식이라는 감각과 인식, 그리고 희로애락이라는 감정은 우리가 물질을 물질적으로 이해하고 경험하는 과정에서 자연스럽게 생겨나는 것이다.

 그러니 현재의 물질계를 두고 굳이 공이니 색이니 하며 구분하고 또 어느 한쪽에 가치를 부여할 필요는 없다. 우리는 물질이라는 세계를 물질로서, 색의 세계를 색으로서 느끼려고 온 것이지 색의 세계를 공으로 느끼려고 이곳에 온 것이 아니기 때문이다.

 석가모니께서 반야심경을 통해 공과 색을 논한 것도, 이 물질계가 하나의 경험세계에 불과한 것이지 전부가 아니라는 점을 역설하기 위한 방편으로 말하셨던 것이며, 선의 십우도十牛圖에서 그 모든 과정을 거쳐 결국엔 다시 세상으로 돌아와 세상의 것들과 어우러져 뒹군다는 의미의 입전수수入廛垂手란 상태를 기술한 것도, 물질계가 비록 그 근본은 마음에 있다 하더라도, 물질을 물질로서 이해하고 경험하는 것이 물질 세상을 살아가는 참뜻이기도 하기에, 세상을 등지지 않고 다시금 세상 속으로 돌아와 세상의 경험을 누리며 산다는 것을 나타내고자 했던 것이다.

 석가모니께서도 지적했듯이, 이 물질세계가 전부라는 무명이 생겨나는 이유는 물질에 대한 집착에서 비롯되는 것이다. 어찌 보면 우리가 지금까지 자각을 이야기한 것도, 나의 본성이 육체에만 속해 있지 않고, 나의 경험세계가 물질계에만 국한되어 있지 않음을 깨닫기 위함이었다.

'나'라는 존재는 어떠한 존재인가? 나는 세상이라고 하는 이곳에 단 한 번 태어나 잠시 살다가 사라지는 그런 허무한 존재가 아니다. 한 생을 사는 동안 아무리 휘황찬란한 삶을 살았든, 아무리 보잘것없는 삶을 살았든, 미련 없는 인생을 살았든, 그리고 한 많은 인생을 살았든 이번 생에서 보내는 나의 시간은 이번이 처음이 아니고 이번이 마지막도 아닌, 시간의 주인이 바로 나이다.

비록 현재의 나의 삶이 한 편의 단막극으로 끝난다 할지라도 내가 원하기만 하면 언제든 다른 단막극의 주인공으로 데뷔할 수 있는 영원한 배우가 바로 나이다. 한마디로 나는 영원불사의 존재이다.

나는 왜 영원불사의 존재인가? 그것은 내가 현재 존재하고 있기 때문이다. 존재는 반드시 그 존재를 낳는 존재의 어머니가 있어야 한다. 존재는 스스로 존재할 수 없다. 원인 없는 결과란 있을 수 없으므로 존재는 곧 결과이다. 어떤 원인에 의한 결과인가? 존재하고자 했던 원인에 의한 결과이다. 그리고 그 최초의 원인은 바로 '나'이다.

바로 이 '나의 원인'이 진정한 나의 정체이다. 존재의 원인인 그는 바로 신이며, 나의 원인인 그가 바로 신이다. 그리고 그는 동시에 나이기도 하다. 원인은 결코 탄생하는 것이 아니며 소멸하지도 않는다. 오로지 결과만이 탄생과 소멸을 거듭할 뿐이다. 그렇다. 나의 진정한 정체는 '나의 원인'이었다. '나의 원인'인 하느님이 바로 나의 진정한 정체이다.

과거에 이 원인은 로고스라고도 불렸다. 이런 나를 로고스라 하였고, 이런 나를 도道라고 했으며, 이런 나를 태허太虛라고도 하였다. 태초를 있게 한 태허 말이다. 이렇듯 나는 결과로서의 나만이 아닌 원인으로서의 나이기도 하다. 이것이 나의 본모습이다. 그것은 상상을 초월하며 오묘하기 이를 데 없다. 그 어떤 수식어로도 나의 현묘함과 신비로움은 표현할 길이 없다. 그렇다면 '지금의 나'와 신이라고 하는 엄청난 내력을 가진 '그분인 나'와는 어떤 차이가 있는 것일까?

'지금의 나'라고 하는 것은 엄밀히 말하면 일종의 '나를 고집하는 증상'이다. 즉, 현재의 나는 나라는 증상의 일시적인 현상일 뿐 나의 진정한 정체는 아니다. 하느님인 내가 현재의 나라는 증상을 잠시 겪고 있다는 말이다. 그러므로 지금의 나는 하느님인 내가 겪고 있는 일시적인 나라는 증상이자 현상에 불과하다.

그런데 이 현상에는 중독성이 있다. '나'라는 현상을 계속해서 유지하려고 하는 경향이 바로 그것이다. 하지만 누가 그러한 일을 하고 있나? 물론 하느님인 내가 그렇게 하고 있다. 다시 말해 하느님인 내가 '나'라는 중독성에 빠진 것이다. 한마디로 '나'라는 마약에 중독된 것이다. 그리하여 계속해서 이 '나'라는 마약을 원하게 된 것이고, 이것이 윤회의 정체이다.

윤회는 '나'라는 마약에 중독된 현상이다. 계속해서 '나'라는 현상에 머물러 있기를 고집하여 윤회라는 장기적 중독현상을 낳은 것이다. 흔히 마약중독, 도박중독이 무섭다고 하지만, 이 '나'라는 중독처럼 고질적인 중독은 없다. 모든 사람이 이처럼 스스로 '나'라고 하는 중독에서 헤어나지 못하고 거듭해서 삶을 원하고 있는 것이다.

석가모니께서 제자들에게 이런 질문을 던진 적이 있다.

"그대들은 보라! 여기 이 병 속에 있는 공간과 이 병 밖에 있는 공간의 차이가 어디에 있다고 생각하는가?"

공간이 없으면 아무것도 존재할 수 없다. 공간이 있기에 모든 사물이 존재할 수 있다. 공간은 이처럼 모든 것을 포함하고 있고 모든 곳에 침투해 있다. 너희는 병 속의 공간을 '나'라고 하지만 병 밖의 공간 또한 '나'이다.

하느님인 나는 허공과도 같다. 모든 것이 내 안에서 이루어지고 있다. 이런 나를 무엇이라 지칭하든 나는 이미 그것이다. 진아든 무아든 따로 찾을 것도 없고 따로 구할 것도 없이 이미 나는 그것이다. 나는 원래부터 늘 그 자리에 있었다. 그 자리가 원래의 나이기 때문이다.

내가 바로 하늘이고 내 안에 이미 그 모든 것이 담겨 있는데, 이 하늘을 두고 어디에서 무엇을 찾는단 말인가? 그 하늘인 나를 외면하고 그 하늘 아래에서 어리석게 진아와 무아를 찾아 헤매는 이가 있다면, 그는 뜬구름과 같은 개념으로 만들어진 진아를 쫓는 지진아와 다를 바 없고 무아를 쫓는 무뇌아와 다를 바 없다.

세상에 온갖 사물이 존재한다 해도 그 존재를 밝혀줄 빛이 없다면 우리는 그것들이 존재함을 알지 못한다. 비록 어둠이 존재한다 해도 어둠조차도 밝음을 통해 볼 수 있는 것이며, 빛의 부재 또한 빛이 있기에 알 수 있다. 빛으로 인해 만물은 자신의 존재를 자각하고 있다. 빛으로 인해 만물은 자신의 모습을 인식하고 드러내고 있다. 그리고 나는 이러한 만물에 귀속되어 있지 않다.

나는 빛이다. 나는 모든 것을 비추고 있는 빛이다. 나는 밝음이다. 나는 모든 것을 밝혀주는 밝음이다. 모든 만물을 존재케 하는 빛과 밝음이 바로 나이다. 모든 만물의 자각을 존재케 하는 위대한 자각이 바로 나이다. 그러므로 나는 진정 하느님이다.

체험기

오래전부터 본성을 체험해보고 싶었다.

자아가 사라진……
그리하여 무한한 기쁨과 희열의 열락에 빠져보고 싶은……
거지로 산다 해도,
샘솟는 환희 속에 모든 것을 허용하고 포용하고 수용하며 긍정과 감사체
로 살아가는……
모든 것이 다 사라져, 번뇌가 근원적으로 없어진 편안함 그 자체가 되고
싶은…….

그래서 수행을 하려 했다.
내가 일으키는 생각과 감정을 관조하며 무심한 주시자로 있다 보면 본성
을 체험할 것 같았다.
생각이 끊어진 생각 이전의 자리, 이른바 본성의 자리에 들게 될 거 같았다.

그러다 이런 생각이 들었다.
석가모니 부처님이 7년 고행을 하셨다는데, 그분이 얻고자 했던 게 바로
이것 아니었을까?
자아가 사라진 희열, 열락, 환희에 찬 본성의 자리.
그러다 번쩍 든 자각.

"그것도 다 내가 만드는 것이잖아!"

본성을 체험하겠다는 것도 내가 만든 설정이지만,
어떤 궁극의 체험을 하더라도 그것조차 다 내가 만든 것이긴 마찬가지
아닌가.

본성체험은 없다. 다만 본성에 가장 가까운 체험을 하는 것일 뿐,
내가 이미 본성 그 자체인데 무슨 본성을 체험한다는 말인가?
어떤 체험을 하더라도 다 내가 만든 상태일 뿐이다.
그러니 무상정등정각이 어디에 있는가?
그조차도 나의 생각에서 파생된 개체적 관점이 아니던가?

그러니 나는 이미 무상정등정각을 얻은 것이었다.
내가 모든 것을 있게 하는 궁극의 대자유의지이며,
허공처럼 비어 있으나 모든 것을 채우고 있는 무적 실재이며,
형태 없는 의식이지만, 그것조차 있게 한 게 바로 '나'임을 깨우쳤으니.

누구나 다 무상정등정각 상태이다
누구나 다 본성 그 자체다.
단지 자신이 모르고 있을 뿐.

나 자신이 모든 것을 있게 하는 본성 그 자체이며,
이미 무상정등정각 상태임을 알아차리는 것이 자각이다.

스스로 알아차리는 것.

그러니 자각이 얼마나 위대한 궁극의 지혜이며 행위인가!

하느님도 이 순간 자각하실 수밖에 없다.
왜냐하면 하느님도 본성은 아니기에, 하느님도 만들어진 것이기에……
본성에 가장 가까운 체험을 하시고 계시는 분일 뿐…….

그러면 궁극의 하느님은 어디에 있나? 누군가?
바로 '나'이다.
내가 본성 그 자체이다.

내가 인식하는 그 어떤 것도 다 내 생각의 창조물임을 자각한다면……
몸만이 내가 아니며 몸조차 있게 한 게 바로 '나'임을 자각한다면……
'나'라는 의식조차도 내가 있게 한 것이란 걸 자각한다면…….

나는 궁극의 하느님으로 실존하고 있는 것이다.
무형의 자유의지 그 자체로……
본성 그 자체로……
무상정등정각 그 자체로……

그러니 오직 쉼 없는 자각뿐이다.

- 일평 조성민, 의사

에필로그

"내가 그의 이름을 불러 주기 전에는 그는 다만 하나의 몸짓에 지나지 않았다. 내가 그의 이름을 불러 주었을 때, 그는 나에게로 와서 꽃이 되었다."

너무나 유명한 시, 김춘수 시인의 '꽃'의 첫 부분이다. 시인이 어떤 의미로 썼는지는 모르겠으나, 나의 스승의 가르침을 가장 압축해서 표현한다면 아마도 위의 시구처럼 표현할 수 있지 않을까.

오랜 구도의 여정 속에서 나 또한 여느 구도자들처럼 깨달음이란 무엇이며, 도와 진리 그리고 참나와 무아의 실체를 알고자 했고, 또 그것에 이르는 방법을 갈구해 왔다. 하지만 세상에 범람하는 수많은 종교적 규정과 철학적 함의 속에서 나는 무엇이 진실이고 무엇이 진실이 아닌지 알 수 없었고, 또 그것들을 마주하고 있는 '나'란 존재의 실체에 대해서도 도무지 알 수 없었다. 겉으로는 진리를 찾고 도를 닦는다고 했지만, 내 마음은 항상 혼돈으로 가득 차 있었다. 나는 절망했고 탄식했다. 그리고 그 절망과 탄식의 끝에서 나는 나의 스승을 만났다.

내가 그에게 깨달음이 무어냐고 물었을 때, 스승은 왜 그것이 궁금하냐고 내게 반문했다. 깨달음이란 이런 것이며 그것을 성취하기 위해선 어떻게 해야 한다는 대답을 기대했던 나는 스승의 반문에 의해 사실상 처음으로 그러고 있는 나를 돌아볼 수 있었다. 스승은 또 "없는 깨달음 찾지 말고 네가 당면하고 있는 번뇌의 허상을 보라."고 했다.

나는 왜 깨달음을 얻으려 하는가?

그랬다. 나는 그동안 막연히 깨달음을 찾아 헤맸지만, 내가 왜 그러고 있는지에 대한 통찰은 늘 빼먹고 있었던 것이다. 그리하여 '나를 보는' 그 통찰을 통해 나는 비로소 내 무의식 깊숙이 숨어있던 나의 부족감과 열등감을 발견할 수 있었다.

나는 스스로 내가 부족하고 열등하다고 생각하고 있었고, 나는 스스로 나를 왜소한 존재로 규정짓고 있었다. 그리고 그 부족감과 열등감은 자존심이란 이름으로 교묘히 위장되어 나를 감싸고 방어하고 있었다.

내 마음으로 나는 부족감과 열등감을 만들어 내었고, 그 부족감과 열등감을 해소하고 충족시키기 위해 나는 또 깨달음을 얻어야 한다고 생각했다. 깨달음이란 애초에 없었지만, 내가 만든 나의 부족감과 열등감, 그리고 거기서 파생된 온갖 번뇌와 스트레스는 실재했다. 그리고 그 번뇌와 스트레스를 만들어 내는 실존 중의 실존은 바로 '나'였다. 그랬다. 깨달음은 바로 나의 부족감과 열등감, 그리고 내 번뇌의 도피처였던 것이다.

이 도피처는 어떤 이에게는 돈이 될 수도 있고 명예, 권력이 될 수도 있다. 그러나 대상이 뭐가 되었던 그것들은 모두 내 마음속에서 내가 만들어 낸 환상이다. 부와 권력과 명예와 사랑을 갈구하며 세상 사람들이 몸부림칠 때, 한편에서는 부와 권력과 명예의 정점에 있는 사람들이 자신의 목숨을 스스로 끊는다. 건강한 몸을 가지고도 세상에 온갖 불평과 저주를 퍼붓는 와중에, 사지가 없이 태어난 어떤 이는 세상에서 가장 행복한

웃음을 짓는다. 모두가 내 마음 안에서 벌어지는 일이다.

깨달음이란 열쇠, 부와 권력과 명예와 사랑이라는 열쇠를 찾아 우리는 방황하지만, 진정한 열쇠는 무엇이었던가? 애초에 자물쇠는 없었다는 사실, 그 자물쇠는 바로 내 마음 안에서 내가 만든 생각의 허상이었음을 아는 자각이 바로 우리가 찾아야 할 진정한 열쇠임을 나의 스승은 일체유심조란 진실을 통해 귀에 못이 박히도록 얘기한다.

어쩌면 지겨우리만큼 반복되는 일체유심조란 단어에 질리고 물릴 수도 있을 것이다. 하지만 그것이 지겹게 반복되는 이유는, 우리의 시선 또한 내가 아닌 외부의 대상에 지겹게 고정되어 있기 때문이다.

하지만 외부의 대상이 허상이라고 하여 그것이 무가치하고 허무하다는 것은 아니다. 그 외부의 대상은 바로 내 실존의 반영이다. 거울이 있기에 우리는 자신의 모습을 투영시켜 나를 볼 수 있다.

거울 속의 대상들은 내가 스스로를 체험하고 나를 업그레이드하기 위해 내가 만들어 낸 도구이자 장치이다. 인식의 대상, 경험의 대상이 있기에 나는 그것들을 경험하고 누리며 나의 실존을 만끽할 수 있다. 그것들은 내가 아니지만, 그것들이 아니고는 나는 나를 느끼고 체험할 수 없다. 그래서 그것들은 소중하다. 그러나 그것들은 내가 아니다. 거울 속의 모습에 취해 거울 속의 나를 진짜 나로 착각하는 순간 나는 본연의 나를 망각하고 잃어버리게 된다.

여행의 목적은 새롭고 다양한 경험을 통해 나 자신이 성장하는 것이다. 그리고 여행의 재미를 위해 아름다운 경치와 맛있는 음식들도 빠져선 안 되는 요소이다. 부와 권력과 명예, 사랑…… 우리가 삶에서 추구하는 모든 것들은 인생이란 여행에서 우리가 마주치는 아름다운 경치와 맛

있는 음식들이다. 하지만 우리는 여행지에서의 아름다운 경치와 맛에 취해 여행 본연의 목적을 망각해 버렸다.

우리는 영화를 보러 극장에 들어섰지만, 영화의 스토리에 빠져 영화를 현실로 착각했다. 우리는 영혼의 성장과 성숙을 위해 물질과 육체의 세계에 뛰어들었지만, 물질계의 온갖 것들에 취해 육신이 곧 나라는 환상에 빠져 버렸다. 하지만 우리는 영원히 여행지에 머물 수 없고 영원히 극장에 갇힐 수 없으며 영원히 육신과 물질의 세계에서 헤맬 수 없다. 그것은 여행 본연의 목적이 아니고 나의 본래 의도가 아니다.

세상이 아무리 복잡해 보이는 것 같아도 세상은 오직 인식주체인 '나'와 나 외의 '인식대상'으로만 존재할 뿐이다. 세상이 이율배반적이고 모순으로 가득 차 보이는 이유는 거기에서 인식주체인 '나'가 빠져 있기 때문이다. 그래서 세상엔 주인 잃은 온갖 개념과 논리가 판을 친다. 깨달음, 진리, 참나, 무아, 선과 악…… 이 책에서 다룬 모든 주제가 바로 그 주인 잃고 방황하는 개념과 논리들이다. 그것들은 모두 내가 불러 주기 전에는 다만 하나의 '몸짓'에 지나지 않는 허상들이다.

내가 그의 이름을 불러 주었을 때, 그는 나에게로 와서 깨달음이 되었다.

내가 그의 이름을 불러 주었을 때, 그는 나에게로 와서 도가 되고 진리가 되었다.

내가 그의 이름을 불러 주었을 때, 그는 나에게로 와서 진아가 되고 무아가 되었다.

내가 그의 이름을 불러 주었을 때, 그는 나에게로 와서 선이 되고 악이 되었다.

내가 그의 이름을 불러 주었을 때, 그는 나에게로 와서 진실이 되고 거짓이 되었다.

내가 그의 이름을 불러 주었을 때, 그는 나에게로 와서 행복이 되고 불행이 되었다.

'나'를 깨우치는 순간, 비로소 나는 내 안에서 인식주체와 대상의 경계가 사라지고 모든 것이 내 안에서 벌어지는 나의 드라마였음을 알게 된다. '나'를 깨우치는 순간, 나는 세상의 모순과 역설이 내 안에서 풀어지고, 부분이 아닌 모자이크의 전체 그림을 조망할 수 있게 된다.

한 재벌 회장이 생전에 천주교 신부에게 질문한 24개의 종교적 의문이 화제가 된 적이 있다. 삶과 죽음, 신과 인간, 선과 악, 천국과 지옥……. 한 나라의 최고의 갑부였지만, 그분 또한 여느 사람과 다를 바 없는 의문을 품었다는 건, 우리 중 누구도 그러한 의문을 비껴갈 수 없다는 진실을 말해준다.

내가 만약 그분을 만났다면, 나는 그의 모든 질문에 이렇게 답했을 것이다.

"당신은 지금 꿈을 꾸고 있습니다."

그의 질문은, 꿈속에서 꿈속의 상황과 현상에 대해 궁금해하는 질문이며, 게임 속의 아바타가 게임 속의 규칙에 대해 궁금해하는 질문이기 때문이다. 그의 질문은, 질문의 주체인 '나'가 빠진, 그래서 결코 답을 얻을 수 없는 질문이었다.

나의 정체는 게임 속의 아바타가 아니라 게이머이다. 나는 꿈속의 캐릭터가 아니라 꿈을 꾸는 자이다. 그러므로 그 의문들에 대한 정답은 그냥 꿈에서 깨는 것이다. 그리고 그 순간, 나의 의문은 풀리는 것이 아니라 나에게서 의문 자체가 사라져 버린다.

'나'라는 주어가 빠진 의문의 허구성을 보는 것, 그것이 의문의 진정한 답이다. 그리하여 이제 그 질문들은 "~은 무엇인가?"에서 이렇게 바뀌어야 한다.

"나는 그것들을 어떻게 규정하고 싶은가?"

이것은 질문인 동시에 대답이다. 질문 속에 이미 답이 들어있기 때문이다. 이것이 모든 이율배반과 모순의 귀착점이고, 퍼즐의 완성이며, 이것이 존재의 완전한 그림이다.

이제 우리는 알았다.

내 눈앞에 펼쳐진 모든 사물과 내가 겪는 모든 사건은 영원한 것이 아닌, 그저 스쳐 지나가는 일시적인 환상에 불과한 것임을. 그리고 그러한 것들이 비록 이율배반적이고 모순처럼 느껴진다 해도, 배움과 성장의 소중한 경험을 선물한다는 숭고한 목적이 있기에, 세상의 모든 사물과 사건이 단 하나도 결코 헛되이 존재하지 않음을.

이제 우리는 더 이상 신과 종교의 권위에 의지해 나를 포기하고 방치해서는 안 된다. 우리는 더 이상 모호한 철학적 관념에 빠져 나를 관념과 논리의 노예로 만들어서도 안 된다.

우리는 소를 찾아 여행을 떠났기에 내가 이미 소를 타고 있었다는 사실을 알았다. 그래서 그 여행은 아름다운 여행이었다. 모든 것이 나의 성장과 성숙을 위한 아름다운 경험이었다.

입전수수入廛垂手, 우리는 여행을 마쳤고, 새로운 경험을 통해 한결 성장하고 성숙한 모습으로 집으로 돌아왔다. 그리고 이제 우리는 그 성장하고 성숙한 '나'를 표현하고 경험하고 누리는 실존의 길을 가야 한다. 그 실존의 길에 들어설 때 비로소 우리에겐 다음 단계의 경험, 다음 차원의 성숙의 세계가 기다리고 있음을 알게 될 것이다.

이 책이 전하는 메시지는 단언컨대 당신이 지상에 발을 딛고 접할 수 있는 궁극의 메시지이다. 이것은 삶과 존재의 진실에 대해 활자로 표현될 수 있는 궁극의 메시지이다. 그러나 당신은 이 메시지를 엉터리라 하여 깡그리 무시할 수도 있다. 하지만 내가 전하고자 하는 건 이 메시지의 진실 여부가 아니다. 그것이 진실이든 거짓이든, 그리고 당신이 받아들이든 거부하든, 그 모든 선택과 결정은 바로 당신에게 달려 있다는 것이다. 당신이 지금까지 늘 그래 왔듯이……

진실은 이 메시지가 아니라 당신, 바로 '나'이다.

일체유심조는 새로운 견해, 새로운 학설이 아니다. 그것은 우리와 늘 함께 해왔다. 처음부터 우리는 소를 타고 있었다. 이제 우리는 다만 그 사실을 재확인하면 되는 것이다.

산업의 시대, 정보의 시대를 거쳐 이제 인류는 영성의 시대, 마음의 시대로 가고 있다. 세상의 중심에 내가 있고 그 '나'의 마음이 모든 것을 결정한다는 이 일체유심조의 진실은, 그래서 다음 세상의 패러다임이 되고 다음 세상의 상식이 될 것임을 나는 확신한다.

여기 백 개의 촛불이 있다. 백 개의 촛불에 한 개의 촛불이 더해질 때, 백 개의 촛불은 백한 개의 광도를 갖게 된다. 그 한 개의 촛불 또한 함께 함으로 인해 백한 개의 광도가 된다. 나는 당신이 이 메시지를 통해 내면의 불을 밝히는 백한 번째 촛불이 되기를 원한다. 나는 당신이 더 밝아지길 원한다. 당신의 밝음은 곧 나의 밝음이다.

나, 인간의 꿈을 꾸는 하느님

초판 1쇄 인쇄 2014년 07월 25일
초판 1쇄 발행 2014년 07월 31일

지은이   김 설 록
펴낸이   손 형 국
펴낸곳   (주)북랩
편집인   선 일 영   편집   이소현, 이윤채, 김아름, 이탄석
디자인   이현수, 신혜림, 김루리   제작   박기성, 황동현, 구성우
마케팅   김회란, 이희정
출판등록   2004. 12. 1(제2012-000051호)
주소   서울시 금천구 가산디지털 1로 168, 우림라이온스밸리 B동 B113, 114호
홈페이지   www.book.co.kr
전화번호   (02)2026-5777   팩스   (02)2026-5747

ISBN   979-11-5585-302-3 03200(종이책)
            979-11-5585-303-0 05200(전자책)

이 도서의 국립중앙도서관 출판시도서목록(CIP)은 서지정보유통지원시스템 홈페이지(http://seoji.nl.go.kr)와
국가자료공동목록시스템(http://www.nl.go.kr/kolisnet)에서 이용하실 수 있습니다.
(CIP제어번호 : 2014022305)